7 SECRETOS QUE TODO LÍDER DE NIÑOS DEBE SABER

WILLY GÓMEZ

e625.com

7 SECRETOS QUE TODO LÍDER DE NIÑOS DEBE SABER

e625 - 2023

Dallas, Texas

Todas las citas bíblicas son de la Nueva Biblia Viva (NBV) a menos que se indique lo contrario.

Editado por: **Virginia Bonino de Altare**

Diseñado por: **JuanShimabukuroDesign**

ISBN: 978-1-954149-31-1

IMPRESO EN ESTADOS UNIDOS

7 SECRETOS QUE TODO LÍDER DE NIÑOS DEBE SABER

WILLY GÓMEZ

CONTENIDO

PRÓLOGO

Si hay alguien que dejó en claro que el ministerio de niños es vital, ese fue Jesús. Quizás recuerdes la escena en la que los discípulos comenzaron a cuestionarse quién sería el más grande y Jesús puso a un niño delante de ellos y les dijo: «El que reciba en mi nombre a un niño como este, me recibe a mí; y el que a mí me recibe, no me recibe a mí sino al que me envió» (Marcos 9:37). O quizás te acuerdes de cuando comenzó a poner sus manos sobre ellos y los discípulos se enojaron y comenzaron a recriminar a los padres para que pusieran orden y él les dijo: «Dejen que los niños vengan a mí, y no se lo impidan, porque el reino de los cielos es de quienes son como ellos» (Mateo 19:14).

Son muchas las investigaciones estadísticas que confirman que un ministerio de niños sano es vital para el crecimiento de cualquier iglesia. La simple observación práctica y numerosos estudios están de acuerdo en que la mitad de aquéllos que entregan su vida al Señor lo hacen antes de cumplir los 13 años de edad, y que quienes se convierten al cristianismo antes de su adolescencia tienen muchas más probabilidades de permanecer comprometidos con sus iglesias que aquellos que lo hacen en su juventud o adultez.

Es imperativo que nuestras congregaciones desarrollen una perspectiva precisa y estratégica del ministerio de niños para evangelizarlos y discipularlos efectivamente y de eso se trata este material.

En e625 creemos que el ministerio de niños es fundamental y urgente y publicamos esta excelente herramienta porque sabemos que tu iglesia puede hacer un todavía mejor trabajo con la niñez.

Gracias por leer y estudiar estás páginas. ¡Ánimo en Jesús!

Dr. Lucas Leys
Fundador de e625.com

EL PUNTO DE PARTIDA

Cuando pensamos en las personas encargadas del área de niños de una iglesia generalmente pensamos en la hermana que es docente y sabe enseñar, sin darnos cuenta de que tal vez esté agobiada de trabajar con niños toda la semana en la escuela. Otro perfil que viene a la mente es el de la esposa del pastor, casi como si fuera la función de una primera dama presidencial, o el de la hermana que puede hacer títeres para enseñar a los chicos. ¡Bueno! Ninguna de esas opciones éramos mi esposa Arely y yo cuando decidimos tomar el área de niños de la Iglesia Vida Real en la ciudad de Guatemala. Nuestra historia, por el contrario, se parece a la del jugador sentado en la banca durante un partido y que es escogido por el entrenador cuando se percata de que su jugador estrella se ha lesionado.

Recién estábamos integrándonos al equipo pastoral de la iglesia, la cual tenía apenas dos años de haberse formado. Había empezado con unas veinte personas reunidas en el salón de un hotel. Era una obra visionaria comandada por mi buen amigo Rony Madrid en la Ciudad de Guatemala, cuya historia personal es aún más emocionante y llena del testimonio del poder de Dios ante la obediencia de sus siervos.

En el momento en que nos incorporamos al equipo la iglesia ya tenía unos trescientos miembros y gozaba de una pasión muy fuerte en todas sus áreas (hoy es una congregación multipunto de más de quince mil miembros). El área de niños había quedado sin líder ya que quien la lideraba había sufrido la inclemencia del cansancio y el desgaste físico generado por tres años de un trabajo domingo a domingo, dando su mejor esfuerzo y haciendo con excelencia su parte. Entonces en una reunión el pastor nos preguntó si podíamos colaborar... ¡ayudando a tomar el área de niños de la iglesia! Nuestra única experiencia o carta de presentación era la de ser papás de tres hijos que para esa época tenían ocho años (Diego), tres años (Elizabeth) y dos meses (Javier).

Siempre hemos querido servir al Señor con mi familia y, aunque nos asustó mucho, mi respuesta al pastor después de hablar mucho con mi esposa fue: *"¡Queremos aceptar esta responsabilidad porque sabemos que no podemos!"*. Al saber que había muchas variables que nos impedían desempeñar la función, nos dimos cuenta de que íbamos a poder hacerla funcionar solo si no la desarrollábamos dependiendo de nosotros sino, por el contrario, dependiendo de Dios y de las personas que podíamos sumar al equipo.

En esos días mi vida era muy complicada y tenía muy poco tiempo disponible: era parte del equipo que estaba por iniciar el enorme proyecto de crear una universidad (la Universidad San Pablo en Guatemala); tenía una empresa que atender y estábamos empezando una nueva. Mi hijo Javier acababa de nacer y los que tienen más de dos hijos saben que la vida cambia radicalmente cuando se pasa de dos a tres hijos: es una vida bastante loca, especialmente en el momento de empezar el ritual de bañarlos, darles de comer y acostarlos.

Me gusta contar siempre este contexto porque a veces creemos que el líder de niños es una persona apasionada por los chicos con grandes habilidades para el teatro, la comunicación, con carisma, etc. Por el contrario, mi configuración dista bastante de este perfil y el escenario personal en el que empezaba era aún más distante a un escenario ideal lleno de tiempo y preparación.

CADA VEZ MÁS COMPLICADO

Después de haber aceptado el desafío de liderar el área de niños de nuestra iglesia, hicimos la pregunta lógica: ¿con quién contamos? Bueno, la respuesta no fue muy alentadora. Para esa época ya asistían alrededor de setenta niños y había unos diez maestros encargados. No conocíamos a ninguno. Algunos de los maestros eran jóvenes que al ver que un par de "viejos de treinta y cinco" llegaban a liderar el área prefirieron irse a otra más "cool" (la verdad, ¡no los culpo por eso!). El punto es que cada vez se estaba poniendo más complicado.

A la primera reunión formal asistieron solo seis de los maestros, la mayoría mamás con sus hijos. Sinceramente este primer encuentro no fue muy alentador: no sabíamos bien qué hacer, ni cómo empezar y los servicios no se podían detener.

Recuerdo que salimos de la reunión tratando con Arely de darnos ánimo mutuamente y pensando que el Señor podía tomar el control de la situación. No importa cuál sea la situación, nosotros solo somos instrumentos en cualquier organización. ¡Dios es quien da el crecimiento, siempre!

Empezamos domingo a domingo a tratar de conocer cómo funcionaba el grupo: fueron un par de meses alegres, emocionantes y cansadores. Imagínense a mi esposa tratando de tener todo bajo control mientras Javier, de seis meses, lloraba incansablemente porque no le gustaba estar sin su mamá. Pareciera que estoy pintando todo muy caótico pero realmente lo fue. Sin embargo, lo disfrutamos mucho: terminábamos cada domingo satisfechos y agradecidos a Dios por el privilegio de poder servir.

Dicen que antes de mejorar, una situación siempre empeora y fue exactamente eso lo que nos pasó: más o menos a los tres meses de haber empezado, los voluntarios nos "citaron" a una reunión importante. ¿El objetivo de la reunión? ¡Hacernos ver qué cosas teníamos que mejorar en el área! Fue uno de esos momentos en los que te preguntas: "¿¿¿Por qué estoy en este lugar???". Después de haberlos escuchado tratamos de explicarles por qué hacíamos lo que hacíamos y les dijimos que no estaban frente a expertos en el área sino frente a papás iguales que ellos, que querían lo mejor para sus hijos y que deseaban aprender juntos cómo enseñarles sobre la fe.

Considero que ese momento fue crucial porque salimos de esa reunión pensando que tal vez estábamos queriendo liderar dando la imagen de que sabíamos exactamente para dónde debíamos ir y esa no era la mejor estrategia. Creo fervientemente que a veces un líder encuentra más eco en las personas que le quieren seguir si es claro en sus intenciones, aun cuando no tenga clara su estrategia.

LAS NECESIDADES

Sin una estrategia muy clara, sin muchos voluntarios para trabajar, siendo prácticamente nuevos para todos en el grupo, con gente llegando de otras iglesias y otras culturas y con el clásico fantasma de la comparación de "eso no se hacía así antes o de donde yo vengo", teníamos la receta perfecta para el fracaso.

Siempre he creído que le tenemos miedo a la necesidad porque es incómoda, pero la Biblia dice en Filipenses 4:19: *"Por eso, mi Dios les dará todo lo que necesiten, conforme a las gloriosas riquezas que tiene en Cristo Jesús".* No nos quedaba más que saber que nuestro buen Señor iba a proveer a nuestra gran necesidad.

¿Cuáles eran esas necesidades? ¿Qué era lo que no teníamos? ¿Con qué contábamos?

Fueron varias las veces que nos encontrábamos sentados en la oficina del pastor general de la iglesia, diciéndole lo complicado que era liderar el área de niños de la iglesia. No había mucha gente queriendo servir en Niños. Queríamos hacer cambios pero la verdad es que a los grupos sociales naturalmente no les gustan los cambios, aunque realmente los necesiten. Ganamos varios detractores en el proceso por querer hacerlos, pero allí fue donde el apoyo del equipo pastoral resultó fundamental. Sentíamos consuelo al saber que no estábamos solos en la tarea.

A continuación quisiera enumerar las cosas que, a nuestro criterio, un ministerio de niños necesita para poder desarrollarse (y si hay algunas más creo que servimos a un Dios lo suficientemente rico y poderoso como para poder proveernos).

Las necesidades más grandes son:

- VOLUNTARIOS
- ENSEÑANZA
- RECURSOS

VOLUNTARIOS (O MAESTROS DE ESCUELA DOMINICAL)

La cantidad de voluntarios que el ministerio de niños puede necesitar es enorme. Habíamos asistido a algunos seminarios en Estados Unidos en donde proponían proporciones de maestro-alumnos imposibles de imaginar en nuestro contexto.

Una clase normalmente era atendida por la misma maestra todo el año y en esa clase reuníamos a por lo menos cuarenta niños de diversas edades. No es difícil visualizar por qué necesitábamos más voluntarios.

Cuando empezamos esta aventura no teníamos más de diez voluntarios en toda el área. La historia que quiero compartirte es sobre cómo Dios nos permitió llegar en siete años a un poco más de mil voluntarios sirviendo con los niños. No lo hago para presentar ideas soberbias de crecimiento, sino con la esperanza de poder inspirar a que los cambios RADICALES pueden suceder en nuestros ministerios de niños (y además necesitamos que ocurran).

"La cosecha es mucha y son muy pocos los obreros". (Lucas 10:2)

ENSEÑANZA

Qué enseñar y cómo enseñarlo puede ser un problema serio en el trabajo con los niños de las iglesias. Es increíble ver cómo reducimos la enseñanza a ver videos infantiles (cristianos, en el mejor de los casos), o a utilizar las mismas metodologías aburridas de transmisión de conocimiento que se usan en la escuela tradicional.

Una de las cosas que más me molesta es que reduzcan la clase de niños a colorear unas hojas de la escena de David y Goliat. Aprender de la Biblia puede ser más emocionante que eso. Entonces comenzamos a lidiar con la idea de hacer del domingo su mejor día de la semana y nuestra meta era que ellos mismos quisieran ir a la iglesia. ¡Qué meta tan alta, pero realmente hasta el día de hoy nos inspira!

Nos propusimos **eliminar** las hojas de colorear como recurso de aprendizaje para los chicos.

RECURSOS

Los recursos siempre son limitados pero dicen por allí que una gran visión trae provisión y yo creo que es así. La mayoría de las iglesias no disponen de recursos para el área de niños y esto realmente no es muy lógico. Latinoamérica es un continente bastante joven en el cual varios países llegarán a su máximo pico de crecimiento demográfico entre los años 2020 y 2030, eso quiere decir que nuestros niños son la inversión más inteligente.

NOS PROPUSIMOS ELIMINAR EL CONCEPTO DE QUE A LOS NIÑOS SE LES ENTRETIENE MIENTRAS SE LES PREDICA A LOS ADULTOS.

Por ejemplo en Guatemala, la media de edad es de diecinueve años, y el 40% de la población son niños. Si nuestras iglesias no son representativas de las demografías de nuestros países, corremos un alto riesgo de volvernos iglesias viejas sin relevancia.

En las iglesias no hemos estado acostumbrados a invertir en niños y los presupuestos para estas áreas son casi nulos. Debemos cambiar esto. Si en una iglesia el auditorio de los adultos es más lindo que el espacio en donde se reúnen los niños, creo que esto comunica en donde está su corazón. La Biblia dice que donde está nuestro tesoro, allí estará nuestro corazón.

Otra cosa que nos propusimos **eliminar** es el concepto de que a los niños se les entretiene mientras se les predica a los adultos.

LOS SIETE SECRETOS

Quiero compartir contigo algunos aprendizajes sobre el área de niños a modo de aporte para la discusión acerca de cómo trabajar efectivamente con las nuevas generaciones en la iglesia.

Estos aprendizajes vinieron de la necesidad y la aflicción de tener una responsabilidad tan grande en nuestras manos y no saber cómo llevarla a cabo. Busco al compartirlos que puedas ser alentado e inspirado por Dios para continuar la buena obra de formar a niños y niñas en la Palabra.

Desde ya oro por ti, para que Dios te llene de sabiduría y fuerza y para que recompense en tu vida y tu familia la inversión que haces en las vidas de los más pequeños de nuestras congregaciones.

Los siete secretos que escogí son:

- El secreto del llamado: los papás son el secreto especial.
- El secreto de la energía: mucha gente haciendo pocas cosas.
- El secreto de la guía: no inventar el agua azucarada.
- El secreto del aprendizaje: enfoquémonos más en el aprendizaje que en la enseñanza.
- El secreto de la congruencia: a los niños les daremos lo mejor.
- El secreto de los valores: definamos qué valoramos.
- El secreto de la amistad: la importancia de tener amigos cristianos.

CAMBIOS DE PARADIGMAS

Los siete secretos que seleccioné responden a algunos cambios de paradigmas que deben ser introducidos en los ministerios de niños para poder crecer en su efectividad.

Generalmente enseñamos como nos enseñaron, lideramos como nos lideraron y somos papás como

DEBEMOS SER INTENCIONALES PARA CUESTIONARNOS NUESTROS PARADIGMAS Y ASÍ PODER CAMBIARLOS.

fueron nuestros papás. Me he encontrado en varias ocasiones haciendo casi instintivamente con mis hijos cosas que mis papás hicieron conmigo.

Debemos ser intencionales para cuestionarnos nuestros paradigmas y así poder cambiarlos.

Mi papá es un hombre de pocas palabras. Es un gran hombre, pero no conversaba mucho con sus hijos y esto fue algo que no quise replicar. Pero un día mi esposa me dijo, con cierto tono de reclamo, que Diego, nuestro hijo mayor, le había comentado que le gustaba más salir a tomar un café conmigo a solas que con ella. No te mentiré, mi primera reacción fue de cierto orgullo y hasta de alegría porque me estaba diciendo que le gustaba salir más conmigo que con ella. Sin demostrar mucho mi complacencia por la declaración de mi hijo, le pregunté: -¿Por qué crees que sea eso? Ella me respondió: - "Dice Diego que cuando ustedes dos salen juntos se toman el café y no hablan, se quedan callados". Entonces mi orgullo se volvió en preocupación. Estaba haciendo lo mismo que mi papá hacía conmigo. Ese no es un comportamiento del que me enorgullezca, pero reconozco que tengo allí algunos paradigmas aprendidos que debo cambiar. El cambio no sucederá solo con el entendimiento (aunque es el primer paso). El cambio real sucederá con las acciones que yo tome. Una acción que decidí tomar es ser intencional en guiar mi conversación con mis hijos mediante preguntas como mecanismo para que puedan hablar más. De hecho, esa técnica es la que usamos para el *libro "Toda la Biblia en un Año para Niños".*

Nuestros comportamientos responden a una forma de sentir sobre una situación, la cual a su vez responde a una forma de pensar. Esta forma de pensar está formada por algo a lo que llamamos **nuestra historia**. Necesitamos cuestionar esa historia para poder cambiar la forma de pensar y así cambiará la forma en que sentimos y por ende la forma en que nos comportamos.

Este último párrafo es digno de mayor explicación, pero por el momento te diré que la forma más potente de cuestionar la historia es con cambios y acciones disruptivas, es decir, que interrumpan bruscamente la cotidianidad. El psicólogo Lev Vygotsky llamaba a esos aprendizajes "saltos cualitativos de aprendizaje".

Al famoso físico Albert Einstein se le atribuye la frase: *"Locura es esperar resultados diferentes sin hacer cosas diferentes".* La idea es que para cambiar paradigmas no bastarán discursos convincentes y elaborados; necesitaremos acciones significativas que nos hagan cuestionarnos la manera en la que siempre hemos hecho las cosas.

Veremos cómo cada uno de los *secretos* expuestos necesitan quebrar algunos paradigmas adquiridos, así que puede ser que al principio provoquen cierto rechazo en su aceptación, no te preocupes: ¡¡¡es normal!!! Solo te invito a que reflexionemos en ellos y por supuesto, puede ser que no tengamos la razón en todo, pero mi intención es mover un poco las aguas para generar una discusión en Latinoamérica sobre la importancia de trabajar con esta generación. ¡Estamos delante de una hermosa oportunidad!

1
EL SECRETO DEL LLAMADO

LOS PAPÁS SON EL SECRETO ESPECIAL

Como comenté al principio, cuando tomamos el ministerio de niños con mi esposa veíamos que la mayor complicación era la falta de voluntarios o maestros de niños. La iglesia seguía creciendo pero la cantidad de obreros en esta área era poca.

Los voluntarios que quedaban tenían mucha pasión y ganas de hacer las cosas bien, pero cuando vimos cuántos había con esas características en la congregación, la verdad es que eran muy pocos.

Uno de los voluntarios me dijo: "Aquí en el área de niños nadie quiere servir, todos prefieren ir a otras áreas como la alabanza o la de jóvenes". Probamos varias iniciativas para atraer a voluntarios a servir pero, la verdad, es que no daban muchos resultados. De hecho, creo que hasta llegamos a vernos como desesperados rogando que sirvieran junto a nosotros.

LOS RESPONSABLES DE PASARLES LA FE A NUESTROS HIJOS SOMOS LOS PADRES Y MADRES. NO LOS JÓVENES, NI LOS MAESTROS, NI SIQUIERA LOS PASTORES.

Fueron varias las veces que nos encontramos desanimados y cansados. Especialmente un domingo por la tarde, después del servicio, ¡cuando las baterías de energía se encontraban ya en modo de reserva! No sé si les ha pasado, pero en esos momentos uno quiere tirar todo y ya no piensas de manera muy racional.

En una de esas conversaciones con mi esposa Dios nos iluminó con una pregunta: "Según la Biblia, ¿de quién es la responsabilidad de pasarle la fe a los niños?". Nuestra respuesta fue: "¡De los padres (papá y mamá)!". Entonces fuimos confrontados con el primer cambio de paradigma.

Los responsables de pasarles la fe a nuestros hijos somos los padres y madres. No los jóvenes, ni los maestros, ni siquiera los pastores.

Damos gracias a Dios por todos los voluntarios esforzados que sirven domingo a domingo en el ministerio de niños, pero la verdad es que si comparamos la cantidad de los que dan su voluntariado con los que están sentados en el auditorio principal (de adultos) en una iglesia, la proporción no es justa.

Nuestros paradigmas *tradicionales* acerca de quién debe o puede servir en el área de niños como voluntarios se restringen (según nuestra observación) en la mayoría de casos a los siguientes perfiles:

- **La esposa del pastor:** este es el perfil típico de quien sirve como director del ministerio de niños. Creo que se da naturalmente porque es como la responsabilidad de una primera dama. Además, generalmente son mamás y tienen el don para atender a niños. No hay nada de malo en que esto sea así, pero siempre he creído que para que surja más liderazgo, los líderes deben hacerse a un lado y animar a otros a tomar esos lugares.

- **Las maestras de escuela:** en muchas ocasiones pensamos que un candidato natural para servir en el área de niños es una persona que fue entrenada para eso y cuyo trabajo y vocación es enseñar a niños. El pensamiento es lógico y sustentado, el inconveniente es que generalmente la respuesta que recibimos es: "Trabajo de maestra toda la semana, el domingo quiero descansar". Ese argumento es difícil de rebatir.
- **Los jóvenes:** los jóvenes tienen mucha fuerza y creo que son una excelente ayuda al ministerio de niños porque le inyectan dinamismo y mucha fuerza, pero, ¿no te parece que no es a ellos a quienes les dio la responsabilidad de enseñar sobre la fe a nuestros hijos? De nuevo, gloria a Dios por quienes ya lo hacen, pero la responsabilidad de enseñarles la fe a los chicos es de los adultos.
- **Las mamás y abuelitas**: este es otro grupo natural para servir en esta área ya que han tenido un entrenamiento natural para ello.

> Me parece que es un mejor grupo pero necesitamos ver cómo también introducimos a los papás de manera que la enseñanza de la fe no esté asociada solamente a la figura materna. Nos hace mucha falta la figura paterna en la enseñanza de la fe.

La gran conclusión es que las personas designadas para pasarle la fe a nuestros hijos somos los padres.

La escuela dominical con niños es una solución remedial, es decir, no es una solución natural.

Es importante darse cuenta de que las escuelas dominicales fueron originalmente literalmente escuelas: fueron lugares donde los niños pobres podían aprender a leer. El movimiento de la escuela dominical comenzó en Gran Bretaña en la década de 1780. La revolución industrial había provocado que muchos niños pasaran toda la semana laboral en las fábricas. Filántropos cristianos querían liberar a estos niños de una vida de analfabetismo. Bien entrado el siglo XIX las horas de trabajo eran largas. Las primeras restricciones legislativas modestas llegaron en 1802. Esto dio como resultado la limitación del número de horas que un niño podría trabajar por día: ¡doce! Este límite no se vuelve a bajar hasta 1844. Por otra parte, el sábado era parte de la semana laboral. El domingo, por lo tanto, era el único momento disponible para que estos niños pudieran recibir un poco de educación.

El inglés anglicano evangélico Robert Raikes (1725-1811) fue el impulsor clave de este movimiento que pronto se extendió a América también. Las denominaciones y organizaciones no confesionales captaron la visión y energía y comenzaron a crear escuelas dominicales. En las últimas décadas, el movimiento se había vuelto extremadamente popular. Para mediados del siglo XIX, la asistencia a la escuela dominical era ya un aspecto casi universal de la infancia. Incluso los padres que no asistían regularmente a la iglesia insistían en que sus hijos fueran a la escuela dominical. Las familias obreras estaban agradecidas por esta oportunidad de recibir una educación. También se esperaban con interés eventos anuales como el día de premios, los desfiles y las comidas campestres, los cuales llegaron a marcar los calendarios de sus vidas tanto como las vacaciones de temporada más tradicionales.

Después de la "gran" revelación acerca de que a la fe debemos transmitirla los padres, mi pregunta entonces fue: ¿cómo hago para que los papás quieran venir a servir si lo que quieren es que nosotros cuidemos y entretengamos a sus hijos mientras ellos escuchan la Palabra de Dios y son ministrados en el servicio?

Es más, un día nos dimos cuenta de que a una niña la habían dejado hasta más tarde de lo normal y le dijimos: "Vamos a ir a buscar a tus papás al auditorio de adultos para ver que vengan por ti". Ella con mucha pena nos dijo que sus papás todavía no habían terminado con el servicio en la iglesia, a lo cual nosotros le respondimos: "Pero el servicio de adultos ya terminó...". Fue entonces que caímos en la cuenta de que nos estaba hablando de otra iglesia. ¡Oh sorpresa! La dejaban en nuestra iglesia mientras servían en otra como a dos kilómetros de allí. Esa historia se repitió con frecuencia con varios niños.

El punto es que en muchas iglesias no podemos contar tan fácilmente con el involucramiento de los padres en el ministerio de niños. Prefieren verlo como el lugar en donde van a atender a sus hijos.

Fuimos entonces con el equipo pastoral y les expusimos el desafío. Nosotros como papás debemos ser los responsables de la fe de nuestros hijos. No es una función de los jóvenes, ni solo de las mujeres de la congregación. Varios del equipo pastoral que tenían hijos y algunos nietos reconocieron esa necesidad. Yo he dicho siempre que las iglesias comienzan a ponerle atención al ministerio de niños cuando el pastor tiene hijos pequeños o cuando tiene nietos (esta es solo una simple observación personal al viajar por iglesias latinoamericanas).

LA ESTRATEGIA

Ante tal desafío, preparamos una serie de cinco servicios en donde el énfasis principal era lanzar el DESAFÍO a nuestra congregación de salir de su zona de confort e invitarlos a servir en el ministerio de niños. Nos enfocamos especialmente en los papás porque necesitábamos figuras masculinas enseñando. La temática principal de la serie fue: ¿Cómo pasarle la fe a nuestros hijos?

"Yo quiero tener el privilegio de presentarles a Jesús a mis hijos". Esa fue la expresión que oímos en muchos padres después de las predicaciones.

Muchos reaccionaron positivamente, pero la pregunta era: ¿cómo lo puedo hacer si no sé enseñar a niños? Lo bueno de todo esto es que te está escribiendo alguien que no tiene casi ninguna habilidad para comunicarse con niños (¡qué sentido del humor que tuvo Dios para conmigo!). Después de esto la respuesta fue increíble: ¡¡¡en el primer entrenamiento de inducción tuvimos más de doscientos voluntarios!!! Era casi el 50% de la congregación. Para nosotros era como la pesca milagrosa que presenció Pedro al obedecer a Jesús y tirar las redes para el otro lado. Jesús cuestionó el paradigma de Pedro. Es más, Pedro le refutó el paradigma diciendo que habían intentado toda la noche pero que igualmente iba a tirar la red.

ANALICEMOS ESTA PRIMERA ACCIÓN

Cinco semanas: Los cambios importantes en la congregación no se anuncian, se predican. Es decir, la mayor herramienta que teníamos para invitar a los padres era el púlpito. Una semana hablando de eso, era interesante; dos semanas ya indicaba que era importante; cinco semanas quería decir que era realmente trascendente. La serie de mensajes se llamó: "Fe familiar".

El mensaje: La base que usamos fue Deuteronomio 6:20-25: *"En el futuro, cuando tus hijos te pregunten cuál es el propósito de todos estos mandamientos que el SEÑOR nuestro Dios nos ha dado, les responderás: "Fuimos esclavos del faraón en Egipto, y el SEÑOR nos sacó de Egipto con gran poder y por medio de milagros portentosos. Envió terribles plagas contra Egipto, contra el faraón y contra toda su gente. Lo vimos con nuestros propios ojos. Nos sacó de Egipto para darnos esta tierra que había prometido a nuestros antepasados. Y nos ha mandado que obedezcamos estas leyes y las honremos, para que sigamos con vida como lo ha hecho hasta ahora. Porque cuando obedecemos todas estas leyes del SEÑOR nuestro Dios, somos justos".*

LOS CAMBIOS IMPORTANTES EN LA CONGREGACIÓN NO SE ANUNCIAN, SE PREDICAN.

Este pasaje le habla a una generación que llegó a conocer a Dios mediante la crisis, el rescate de la esclavitud, la persecución y la escasez. Esta generación tuvo hijos y el mensaje de Dios para ellos era que sus hijos iban naturalmente a tener dudas sobre la fe. Dios ya los había capacitado para enseñarles a sus hijos y responder sus dudas. ¿Cuál fue la capacitación? Hacerles pasar por crisis y milagros y mostrarles la mano poderosa de Dios obrando en sus vidas.

SI HAS VISTO LA MANO DE DIOS EN TU VIDA, DIOS YA TE CAPACITÓ PARA ENSEÑARLE A LA SIGUIENTE GENERACIÓN.

Si has visto la mano de Dios en tu vida, Dios ya te capacitó para enseñarle a la siguiente generación.

Esta declaración nos sirvió en esos días para realizar una campaña interna dentro de la iglesia para animar a los padres a servir enseñando a los chicos. ¿Cómo iba a ser el sistema de enseñanza? Eso se los cuento en el tercer secreto: "No inventar el agua azucarada".

Yo estoy convencido de que nuestros hijos no tienen que sufrir lo que nuestra generación sufrió para poder conocer a Dios. No creo que mis hijos tengan que perderse y alejarse de Dios para encontrarse con Él. Es cierto que cada uno tendrá su propia decisión y su propio albedrío, pero he decidido hacer todo lo que esté de mi lado para enseñarles a vivir una fe genuina y real. Dios nos ayude en esta tarea.

EQUIPO PADRES-IGLESIA

Lo que debemos reconocer, al fin y al cabo, es que para trabajar en la vida de nuestros hijos se necesita un trabajo en equipo entre los padres y la iglesia. No es solo un trabajo de la iglesia y tampoco podemos dejar solos a los padres; como iglesia podemos ofrecerles nuestra ayuda y acompañamiento.

Los papás tenemos en general un involucramiento bajo en el desarrollo espiritual de nuestros hijos, y les aseguro que esto no es porque no queremos, sino más bien porque no sabemos cómo hacerlo.

Un problema al que no podemos estar ajenos es que las familias están cada vez más fragmentadas y que cada vez será más necesario hacer equipo con la iglesia en pro del desarrollo de la fe de nuestros chicos.

El divorcio y la separación son un tema real en nuestros países. Las tasas de divorcio más altas son las de los países europeos: España (61%), Portugal (68%), la República Checa (66%) y Hungría (67%). Pero Bélgica se lleva las palmas con una tasa del 70%, mientras que en Ecuador el porcentaje de divorcios llega al 20%, en Guatemala al 5%, en México al 15%, en Panamá al 27%, en Brasil al 21% y en Venezuela al 27%.

En Santiago de Chile, en 2016 hubo diez mil divorcios más que los matrimonios que se dieron ese año. La cifra es realmente alarmante y como iglesia podemos servir de apoyo a estas familias fragmentadas que cada vez son más comunes.

Kara Powell, investigadora del Fuller Youth Institute, dice que la fe en un niño es moldeada por los cinco adultos más cercanos a su vida. Evidentemente, los padres tienen un gran papel, pero debemos reconocer que no pueden hacerlo solos. La iglesia puede representar una ayuda inigualable para la formación de la fe en nuestros chicos.

LAS BARRERAS

Una de las razones por las que los padres no se involucran en el ministerio de niños es porque encuentran ciertas barreras (algunas imaginarias y otras reales) a la hora del servicio.

Algunas de las barreras son:

- Desconocimiento de cómo trabajar con niños.
- Consumo extra de tiempo (vivimos en sociedades donde el tiempo es muy escaso).
- Menosprecio al área. Piensan que servir en el área de niños no es importante ni bien visto en la iglesia.
- No tienen fuerzas suficientes para lidiar con niños.
- "Dar clases es muy aburrido".
- "No sé si voy a encajar".
- "No se ve cuál es la estrategia".

Nuestras estrategias de servicio deben ayudar a combatir estas barreras con tácticas efectivas y recuestionarnos si no existe otra manera más efectiva de hacer las cosas.

En los siguientes capítulos veremos varias ideas para vencer estas barreras.

BARRERA PARA INVOLUCRARSE EN NIÑOS	SECRETO
Desconocimiento de cómo trabajar con niños.	**El secreto de la guía:** No inventar el agua azucarada.
Consumo extra de tiempo (vivimos en sociedades donde el tiempo es muy escaso).	**El secreto de la energía:** Mucha gente haciendo pocas cosas.
Menosprecio al área. Piensan que servir en Niños no es importante y bien visto en la iglesia.	**El secreto de la congruencia:** A los niños le daremos lo mejor.

No tienen fuerzas suficientes para lidiar con niños.	**El secreto del llamado:** Los papás son el secreto especial.
«No sé si voy a encajar».	**El secreto de la amistad:** La importancia de tener amigos cristianos.
«No se ve cuál es la estrategia».	**El secreto de los valores:** Definamos qué valoramos.
«Dar clases es muy aburrido».	**El secreto del aprendizaje:** Enfoquémonos más en el aprendizaje que en la enseñanza.

2

EL SECRETO DE LA ENERGÍA

MUCHA GENTE HACIENDO POCAS COSAS

He visto gente apasionada por trabajar con niños terminar agotada y fundida por el servicio. No es malo hacer las cosas con pasión, al contrario, pero lo que debemos entender es que el servicio a Dios es más una maratón que una carrera de cien metros.

Fundimos a la gente: el problema en muchas áreas de voluntariado de nuestras iglesias es que la gente termina "fundiéndose" por el servicio. Sirven mucho durante un tiempo y luego dejan de servir pero no de una manera sana, sino en algunas ocasiones hasta enojados y molestos con la misma iglesia o, lo que es peor, con Dios.

La Iglesia Willow Creek, pastoreada por el Pastor Bill Hybels, hizo hace algunos años un estudio del ciclo de un creyente dentro de la iglesia porque notaban que muchos miembros antiguos ya no seguían asistiendo. Lo que el estudio reveló fue que una persona de asistencia regular a la iglesia tenía poco involucramiento, pero cuando tenía un contacto fuerte con Jesús, su reacción principal era servir. Como eran tan escasos los voluntarios comprometidos, los absorbían en el servicio a tal punto que terminaban fundiéndolos en poco tiempo. Así que después de terminar cansados, su reacción no era descansar durante un período, sino más bien irse de la iglesia. Podríamos encontrarle muchas explicaciones al fenómeno, pero el punto es que debemos encontrar algunas soluciones para no "fundir" a nuestros voluntarios en el servicio.

CUIDEMOS A NUESTROS VOLUNTARIOS Y SEAMOS CONSCIENTES EN BALANCEAR LA CARGA DE TRABAJO PARA ELLOS.

Un buen amigo me dijo una vez que el premio al buen trabajo es más trabajo, pero cuidemos a nuestros voluntarios y seamos conscientes en balancear la carga de trabajo para ellos, eso permitirá que más gente pueda estar con nosotros y permanecer.

Al recibir una gran cantidad de personas queriendo servir en el ministerio de niños elaboramos algunas ideas acerca de cómo involucrar a la gente en el servicio.

La premisa principal es: "mucha gente, haciendo pocas cosas".

Alguna de nuestras ideas son estas:

NO HAY REUNIONES LOS SÁBADOS

Al ser la estrategia principal atraer a papás y familias a servir como voluntarios, debíamos entender que si esas familias dejaban de tener su tiempo de familia por estar en la iglesia, habríamos hecho que una solución resultara en el deterioro de la relación familiar.

Aquí otro paradigma a cambiar. Casi siempre las reuniones de iglesia entre voluntarios para preparación de materiales, preparación de lecciones, etc., son los sábados. Y resulta ser que el sábado es el día más propicio para que los voluntarios compartan con sus familias.

El no tener reuniones los sábados supone otras complicaciones, pero estas podrán solucionarse de manera creativa, siempre y cuando no nos detenga el pensamiento de "así se ha hecho siempre".

SERVIMOS UN MES, DESCANSAMOS UN MES

Normalmente los voluntarios sirven durante un servicio (valga la redundancia) y asisten al siguiente. Queremos que puedan descansar y planear su vida. Un problema clásico en el ministerio de niños es que los maestros no tienen descanso durante el año. Servir un mes y luego descansar un mes implica el desafío de armar dos equipos **diferentes** para cada servicio. Otra vez, insisto, si tenemos claro las razones, Dios proveerá para nuestras necesidades.

Una desventaja de hacer esto es que los niños estarán con dos líderes durante el año y no solo con uno. Debemos ser intencionales en que los líderes del grupo A puedan tener una buena comunicación con los líderes del grupo B.

La Biblia dice: *"Más vale dos que uno"* (Eclesiastés 4:9) y creo que este es un buen ejemplo de aplicación de esta verdad. Esto nos dará flexibilidad y un soporte para poder cumplir con nuestra responsabilidad de voluntariado y también para no perdernos momentos importantes de nuestra vida familiar.

VARIAS FUNCIONES

Otro tema importante es entender que hay muchas necesidades que requieren dones diferentes. Aunque queremos que la mayoría de los líderes o maestros sean papás, también hay otras funciones importantes para ellos.

Por ejemplo, encontramos que había mamás a las que realmente se les dificultaba servir los domingos, así que designamos un día de servicio entre semana para preparar todo el material, la decoración y los insumos para la actividad del domingo, de manera que los maestros o líderes de grupos pequeños llegaran solo a dar las clases.

Otra función necesaria era el teatro y la alabanza. Aunque la estrategia es dar las lecciones en grupos pequeños no mayor a diez niños por maestro o líder, proponemos un tiempo en donde se juntan todos los grupos y se tiene un devocional, tiempo de alabanza y una pequeña enseñanza basada en la historia bíblica de la semana. Estas actividades necesitan de personas con el don para la música, la comunicación y/o el teatro. Aquí es donde pedimos que se involucraran la mayoría de los jóvenes. Esta actividad es bastante especializada y demandante. Los jóvenes hacen un excelente trabajo en esta área.

Creamos a los "Sheriffs" para velar por la seguridad de los chicos los domingos (generalmente son papás). Mientras más crecíamos, más necesitábamos esta función. Además ayudan a coordinar la logística de movimiento de clases y la preparación de la merienda (que para muchos niños es el momento más importante del servicio).

GRUPOS PEQUEÑOS

Los maestros no dan clase. Normalmente usamos el nombre de maestro para alguien que está liderando un grupo de niños y compartiendo la enseñanza con ellos. Un cambio fundamental de paradigma es que los maestros o líderes deben enfocarse en pocos niños (recomendamos un grupo no mayor a diez niños) y su función principal es generar la conversación con ellos mediante preguntas. Si los chicos solo escuchan un sermón, estaremos haciendo que nuestra reunión del domingo sea algo muy parecido a la escuela de lunes a viernes (y no creo que sea un buen ejemplo a replicar).

Hacer las sesiones en grupos pequeños asusta menos a los papás. Si me hubieran invitado a darles una "clase" a los niños realmente me hubiese resistido. El cuadro de tener a treinta chicos de diversas edades escuchándome dar un sermón, habría hecho que dijera que ese servicio no era para mí y hubiera salido aterrorizado. Por eso creo que servir como líder de un grupo pequeño en donde se busca la conversación mediante preguntas (que previamente recibimos) es un escenario más accesible para mis capacidades y más parecido a lo que haría en una noche de devocional familiar con mis hijos.

ESTRUCTURA DE LIDERAZGO

Reconocer mis limitaciones de tiempo me hizo enfocar en unos pocos. Siempre he pensado que Jesús lideró a pocos. Él estuvo a cargo de sus discípulos, no de los cinco mil que alimentó o de los que escucharon su mensaje. En el Getsemaní, Jesús le dice al Padre: *"Ninguno de los que me diste se perdió"*. (Juan 18:9).

Este pensamiento hizo que me enfocara en liderar solo a un grupo, que a su vez lideraba a otro grupo, que a su vez lideraba a los maestros. Similar a la estrategia que Jetro, el suegro de Moisés, le dio a este para liderar a los israelitas en el desierto.

Todos nuestros líderes cercanos eran parejas de esposos. Lo hicimos así para ser consistentes con la declaración de querer a los papás sirviendo con nosotros. Por cada servicio teníamos dos parejas liderando. Una lideraba el grupo A y otra el grupo B. Cada grupo tenía una serie de maestros según el número de clases que había. Cada grupo de maestros tenía un líder. La estructura de cada servicio es algo como el siguiente diagrama.

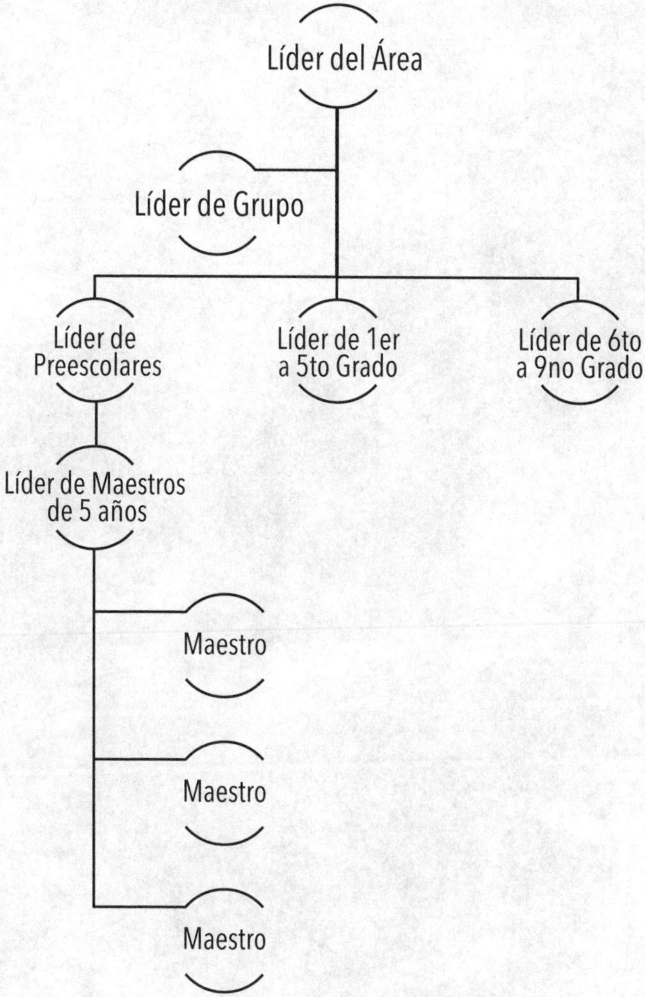

3
EL SECRETO DE LA GUÍA

NO INVENTAR EL AGUA AZUCARADA

Utilizo la expresión "no inventar el agua azucarada" porque uno de los elementos más necesarios en el trabajo con niños es saber qué enseñar y cómo enseñar. Es decir el currículo de estudio (o plan de trabajo).

He visto de todo en esto. Desde iglesias que no tienen una guía o plan de enseñanza hasta algunas que, queriendo ser muy innovadoras y únicas, terminan intentando armar su propio currículum de enseñanza y mueren en el intento.

Quiero decirles algo importante: armar un buen plan de enseñanza es muy complicado. Es mejor dedicarnos a buscar uno bueno y adaptarlo.

ARMAR UN BUEN PLAN DE ENSEÑANZA ES MUY COMPLICADO. ES MEJOR DEDICARNOS A BUSCAR UNO BUENO Y ADAPTARLO

Les hablo de este tema con tal preocupación porque tuve la oportunidad hace un buen tiempo de estudiar una maestría en Diseño Curricular. Esta ha sido mi área de trabajo durante los últimos años. Tuve el privilegio de ser invitado como experto en el diseño del Currículum Base de Educación de mi país, de diseñar la estructura curricular de la Universidad San Pablo de Guatemala y de armar la base del Instituto e625. He estado involucrado en el diseño de currículums de varios contextos y dimensiones y créanme: hacer uno es una tarea titánica. Aprovechen el esfuerzo que otros ya han hecho en este rubro.

CARACTERÍSTICAS PARA ESCOGER UN CURRÍCULO

Cuando tomamos el área de niños una de las cosas que hicimos fue ir a buscar un currículum que pudiera servirnos de guía de trabajo. Si nosotros hubiésemos intentado diseñar todas las actividades de los domingos o las lecciones, nos hubiéramos metido en una tarea tan complicada que no sé si hubiésemos sobrevivido a eso.

Algunas de las características que podemos buscar en un currículo son:

DEFINICIÓN CLARA DEL PERFIL DE EGRESO EN CADA ETAPA

Un buen currículo tiene claro lo que desea ayudar a producir en los estudiantes con sus enseñanzas. Estas definiciones deben estar claras para cada etapa. No puede ser el mismo currículo para niños en edad preescolar que para niños que estudian en la primaria.

Una pregunta que podemos hacernos aquí es: ¿cómo visualizamos a los niños que salen de cada etapa? Por ejemplo: ¿qué quisiéramos que fueran capaces de hacer, conocer y sentir los chicos al terminar la escuela dominical para que estén listos para pasar su adolescencia? ¿Cómo los vamos a preparar para esta nueva etapa?

Yo quisiera que al salir de la escuela dominical ellos puedan:

- Saber que tienen un Dios todopoderoso y que pueden confiar en Él no importando las circunstancias.
- Aprender a tomar decisiones basándose en lo que saben de la Palabra de Dios.
- Tener una base de amigos cristianos sólida que les permita entrar en la adolescencia.
- Tener al menos cinco adultos en su vida a los cuales puedan ver como referentes de fe (Kara Powell explica mejor este punto).
- Empezar a descubrir sus dones para poder servir a otros con ellos.

Debemos tener claridad del inicio y el final de cada etapa. Creo que en nuestras iglesias perdemos a muchos de nuestros miembros cada vez que cambian de etapa en su vida.

CON UNA BASE SÓLIDA EN LA BIBLIA

Uno de los objetivos fundamentales del currículo que escojamos es que nuestros chicos puedan tomar decisiones sabias basadas en lo que la Biblia dice. Creo que el contenido de la Biblia debe ser enseñado de manera creativa pero no debemos dejar a un lado el aprendizaje de versículos bíblicos y sus historias.

Si analizamos el currículo que estamos evaluando, podríamos hacerle las siguientes preguntas:

- ¿Cuántos libros de la Biblia estudia?
- ¿Cuántos versículos bíblicos memorizarán los niños?
- ¿Ayuda a que los niños puedan seguir aprendiendo la Biblia en su casa con ayuda de sus padres?
- ¿Permite que nuestros chicos analicen situaciones y construyan soluciones?
- ¿Es congruente con lo que enseñamos en la iglesia?

EJERCICIOS DE MEMORIZACIÓN DE VERSÍCULOS

Un ejercicio muy popular, y creo que sigue siendo valioso, es la "esgrima bíblica" en el que le preguntamos a los chicos sobre versículos específicos premiando al que nos dé la mayor cantidad de respuestas.

Motiva a los padres a tener *Biblias para Niños* en casa y a leerlas con ellos. Recuerdo que Javier, mi hijo menor, cuando era niño leyó más de seis Biblias de niños completas y hoy creo que fueron un excelente recurso para que después pudiera leer la Biblia.

BASADO EN ACTIVIDADES

El verdadero aprendizaje se da mediante la interacción, participación y activación.

En el capítulo siguiente veremos con detalle por qué el currículo debe estar basado en actividades, más que solo en transmisión de conocimiento.

La clase magistral es un recurso de enseñanza que es cada vez más incongruente con la forma de aprendizaje de esta generación. Muchas escuelas están haciendo cambios en esto pero en la iglesia nos hemos quedado rezagados en este aspecto. En muchas congregaciones al trabajo con los niños el domingo se le llama "Escuela dominical" o "Escuelita bíblica", haciendo referencia el método y modelo de la escuela.

Jesús enseñó utilizando múltiples recursos de aprendizaje y en su mayor parte eran interactivos. Incluso las parábolas eran un sistema que obligaba a la reflexión y a la inferencia.

SEGMENTADO POR EDADES

Uno de los cambios más urgentes en nuestro trabajo con niños es dejar de tener grupos de 3 años hasta 12 años (y a veces aún mayores) como un único grupo de enseñanza.

Es urgente que segmentemos las edades y que seamos relevantes en las formas de enseñanza a cada edad.

Una buena segmentación podría ser la siguiente:

- 3 y 4 años
- 5 y 6 años
- 1ero primaria
- 2do y 3ero primaria
- 4to primaria
- 5to y 6to primaria

Una recomendación es utilizar los grados de la escuela y no las edades. La razón de eso es porque si queremos que los chicos hagan grupos de amigos los deberíamos pasar a todos juntos al siguiente grupo y no hacerlo por las edades porque no todos cumplen años al mismo tiempo.

De hecho, una idea interesante puede ser hacer una celebración importante cuando los chicos terminen el año escolar y luego otra celebración para cuando entren a clases. Estas se pueden aprovechar para marcar la pauta del fin e inicio de las transiciones.

QUE PERMITA QUE EL NIÑO HABLE

Si en la sesión hablamos más del 50% del tiempo, les puedo garantizar que el aprendizaje en las edades infantiles será muy bajo. Busquemos un currículum en donde los niños hablen más del 50% del tiempo de la sesión.

Si logramos segmentar lo más posible por edades en grupos pequeños, podríamos hacer que las actividades puedan contener preguntas de discusión para los chicos. A continuación, un ejemplo:

Lee 1 Samuel 15:1-16:13

Dios había escogido a Saúl como rey pero después, al ver el comportamiento malo de Saúl como rey, el Señor se arrepintió y el profeta Samuel fue asignado de parte de Dios para ir a buscar al nuevo rey. Lo fue a buscar a la casa de Isaí, un hombre que tenía siete hijos. Samuel fue a la casa de Isaí y llamó al hijo más grande y con mejor apariencia, pensando que él iba a ser el rey. El Señor le dijo a Samuel que no era él, que no viera la apariencia porque Dios mira el corazón. Así pasó por el segundo, tercero, hasta llegar al séptimo hijo.

Triste, Samuel le preguntó a Isaí si no tenía otro hijo más. Isaí le respondió que tenía un hijo muy pequeño que cuidaba las ovejas. El nombre de ese hijo era David. Lo mandaron a llamar y cuando Samuel lo vio, El Señor le dijo: "Él es el ungido".

Pregunta para nosotros: ¿Te ha pasado alguna vez que has juzgado a una persona por su apariencia y cuando lo conoces te das cuenta de que es una mejor persona, o al revés?

Conociendo más a Dios: Dios no nos juzga por nuestras apariencias. Él ve nuestro corazón y en base a nuestro corazón es que Él nos trata. Tratemos de ver en las personas su corazón y no su apariencia.

4
EL SECRETO DEL APRENDIZAJE

ENFOQUÉMONOS EN EL APRENDIZAJE MÁS QUE EN LA ENSEÑANZA

En el tema de la consejería nuestro mayor interés es que las personas incorporen a sus vidas los consejos y que veamos cambios positivos en quienes aconsejamos. Nosotros enseñamos y deseamos que ellos aprendan.

CÓMO APRENDEMOS

Llevo algunos años estudiando sobre cómo sucede el aprendizaje. Es un tema interesante. Una pregunta que me hice es si puede existir el aprendizaje sin la enseñanza y creo que la respuesta es que sí. Otra pregunta es si podemos hacer que haya aprendizaje duradero y si podemos acelerar el tiempo del aprendizaje.

¿Alguna vez has visto a un niño aprender a jugar un videojuego? Lo aprenden muy rápido. Extremadamente rápido. Sin un profesor a su lado diciéndole qué hacer. ¿Por qué ocurre un aprendizaje tan acelerado?

Si nos pusiéramos a observar este fenómeno (el aprendizaje de un videojuego) podríamos extraer algunas lecciones de él. A continuación mencionaré algunas de las razones por las que esto pasa tan rápido:

- **Les gusta**. Esta es una razón interesante porque el interés dispara su necesidad de aprender.
- **No tienen miedo al fracaso**. Pueden probar y probar y no hay un castigo extremo por fracasar. El hecho de que puedan volverlo a intentar hace que el efecto de aprendizaje se incremente.

- **Hay desafíos y grados de dificultad**. Los desafíos y los grados de dificultad permiten que ellos puedan aumentar el interés por aprender. Cuando un juego no es desafiante no les interesa aprenderlo.
- **Hay un sistema de marcador constante e inmediato**. La retroalimentación de su avance es constante. Tienen los indicadores de hacerlo bien de forma inmediata. En la escuela, cualquier prueba pierde su efectividad en términos de aprendizaje si la retroalimentación se distancia en el tiempo. Por ejemplo, hice un examen y los resultados estarán dentro de quince días.
- **El jugador tiene el control**. Eso quiere decir que puede decidir el ritmo al que va y no necesita de esperar al instructor para poder avanzar.
- **Hay competencia**. Se puede competir en línea, de manera que tengo con quién medirme.

Estas son algunas de las características que hace que yo pueda aprender algo de forma acelerada.

Tristemente, es exactamente lo opuesto a los sistemas educativos tradicionales que conocemos.

Por lo anterior, quisiera que exploráramos el fascinante mundo del aprendizaje. Aquí quiero pedirte que nos preparemos para cuestionarnos algunos argumentos acerca de la educación. En muchos de nuestros países latinoamericanos nos hemos quedado rezagados al cambio que la educación demanda. El cambio es necesario porque una nueva cultura demanda una nueva educación.

QUE HAYA ENSEÑANZA NO IMPLICA NECESARIAMENTE QUE HAYA APRENDIZAJE.

¿Cómo aprende un niño? Que haya enseñanza no implica necesariamente que haya aprendizaje. ¿Se puede desarrollar el aprendizaje acelerado?

Al tratar de guiar, aconsejar o mentorear a un niño nos enfrentamos con un serio problema acerca del concepto de aprendizaje. Los niños están aprendiendo de formas diferentes y aceleradas. Como nunca antes hemos diagnosticado a nuestros chicos con el "Síndrome de Déficit de Atención". Este síndrome es real pero me parece también que debemos considerar el hecho de que nos estamos enfrentando a un mundo que está aprendiendo en formas diferentes y estamos medicando a estudiantes que simplemente aprenden diferente.

Cada vez más la educación se enfrenta al desafío de educar a una generación sobreinformada, sobreestimulada y sobreprotegida. Esto complica aún más la tarea de producir aprendizaje. El desafío, la estimulación y la información son parte del proceso de enseñanza – aprendizaje, pero debemos saberlos enfocar y explotar para producir los resultados que deseamos.

EL APRENDIZAJE ES UN PROCESO DE CAMBIO RELATIVAMENTE PERMANENTE EN EL COMPORTAMIENTO DE UNA PERSONA GENERADO POR LA EXPERIENCIA.

Para empezar nuestro análisis sobre el tema, definamos qué significa aprendizaje. Cada vez que pregunto a maestros, padres, pastores y demás personas que nos dedicamos a la tarea de enseñar sobre la definición de aprendizaje, me sorprende que su concepción está basada mayormente en la adquisición de conocimientos y algunos, un poco más progresistas, en la adquisición de habilidades. Estos dos son elementos del aprendizaje pero no definen el concepto por sí mismos.

DEBERÍAMOS ENSEÑAR COMO APRENDIMOS. EL PROBLEMA ES QUE ENSEÑAMOS COMO NOS ENSEÑARON.

Feldman define el aprendizaje como un proceso de **cambio** relativamente permanente en el comportamiento de una persona generado por la experiencia. Carmen de la Cerda lo define como la modificación voluntaria de la conducta a partir de la experiencia.

La educación es una tríada en donde se intersectan el conocimiento, la habilidad y la actitud. O dicho de otra forma: el saber, el hacer y el querer.

Como observarás en las definiciones, el aprendizaje tiene que ver con el grado de cambio que una persona tiene al ser sometido a una experiencia. Esto dista mucho de nuestra concepción de aprendizaje como un proceso de adquisición de conocimientos o habilidades. El cambio es generado por una experiencia y debe ser evidenciable. Esta definición complica a la educación cuando esta está basada solamente en la transmisión de conocimiento.

La premisa es esta: deberíamos enseñar como aprendimos, el problema es que enseñamos como nos enseñaron.

UNA PERSONA APRENDE LO QUE QUIERE APRENDER, MÁS QUE LO QUE TIENE QUE APRENDER.

Recuerda las cosas que has aprendido de manera duradera y a partir de las cuales tu conducta cambió. Estos aprendizajes estaban relacionados a una experiencia. Por ejemplo, ¿cómo aprendiste a andar en bicicleta? La mayoría de nosotros aprendimos cuando nos quitaron las veneradas llantitas o rueditas, nos soltaron en un camino y nos dimos uno o varios golpes (cuyo recuerdo es también evidencia de nuestro aprendizaje). ¿Cómo aprendió un niño a no meter las manos en los tomacorrientes de electricidad? Pues, metiendo las manos y sintiendo unas desagradables cosquillas amplificadas. ¿Cómo aprendiste a utilizar una hoja de cálculo o un procesador de texto? Fue por experimentación, por exploración, generalmente porque existía la necesidad de entregar un informe, un trabajo y la necesidad era tan grande que nos animamos a experimentar. El aprendizaje está ligado al interés y la necesidad.

Una persona aprende lo que **quiere** aprender, más que lo que tiene que aprender.

JESÚS INICIABA SUS PROCESOS DE ENSEÑANZA CON VIVENCIAS O EXPERIMENTACIONES.

Esta frase describe lo que estoy tratando de explicar. El problema de la frase es que para que suceda el aprendizaje necesitamos ayudar al alumno a "querer" o a necesitar lo que vamos a enseñarle.

Sigamos con algunos ejemplos más de aprendizaje solo para solidificar mi punto. En el libro de Lucas capítulo 15 se narra la famosa historia del hijo pródigo.

En el momento en que el pródigo "cayó en sí", o sea que quiso cambiar, en ese momento podemos decir que estaba listo para aprender. Allí él recordó cómo trataba su padre a los siervos y decide volver. Por cierto, es una interesante lección para los que somos papás acerca de cómo nuestro testimonio de vida y trato a los demás podrán algún día ser el referente para que nuestros hijos regresen a casa.

Jesús iniciaba sus procesos de enseñanza con vivencias o experimentaciones. En Lucas capítulo 10 se narra cómo Jesús tomó a setenta y dos de sus discípulos y los envío de dos en dos. Les dio instrucciones básicas para la "actividad" que iban a desarrollar.

Lucas 10:3-11:

¡Vayan ustedes! Pero fíjense que los envío como corderos en medio de lobos. No lleven dinero, ni bolsa, ni zapatos, ni se detengan a saludar a nadie por el camino.

Cuando lleguen a una casa, primero saluden y digan: "Paz a esta casa". Si hay allí alguien digno de paz, la recibirá; pero si no, la bendición no se cumplirá. Quédense en la misma casa, coman y beban lo que allí les den, porque el trabajador tiene derecho a su salario. No anden de casa en casa.

Cuando lleguen a un pueblo y los reciban bien, coman lo que les sirvan. Sanen a los enfermos y díganles: "El reino de Dios ya está cerca de ustedes". Pero cuando lleguen a un pueblo y no los reciban bien, salgan a las plazas y digan: "Hasta el polvo de este pueblo, que se nos ha pegado a los pies, lo sacudimos en protesta contra ustedes. Pero les aseguro que el reino de Dios ya está cerca".

No les dio un curso previo sobre lo que les estaba diciendo. Pareciera que no tuvieron demasiada preparación teórica acerca de lo que iban a hacer. Las instrucciones no detallaban mucho el "cómo" de la actividad.

La observación interesante es que en nuestro paradigma de aprendizaje primero está la teoría y luego la práctica, pero el proceso efectivo de aprendizaje desafía a este paradigma y empieza con la práctica para luego llegar a la teoría.

El verdadero aprendizaje fue después de la experimentación. Venían con mucho asombro y algunos interrogantes.

Lucas 10: 17: *"Los setenta y dos discípulos regresaron contentos de la misión y dijeron: —Señor, hasta los demonios nos obedecen cuando les damos órdenes en tu nombre".*

Ahora estaban listos para la lección teórica real. Al regresar los discípulos Jesús procedió a enseñar.

Lucas 10:18-20: "*Yo vi a Satanás caer del cielo como un rayo. Sí, yo les he dado a ustedes poder para pisotear serpientes y escorpiones, para vencer todo el poder del enemigo, y nada les hará daño. Sin embargo, no se alegren de que los espíritus les obedezcan, sino alégrense de que sus nombres están escritos en el cielo".*

CICLO DE APRENDIZAJE

En este pasaje podemos ver un ciclo de aprendizaje. David Kolb propone los siguientes elementos para que el aprendizaje suceda:

Experimentación - Reflexión - Teoría - Aplicación.

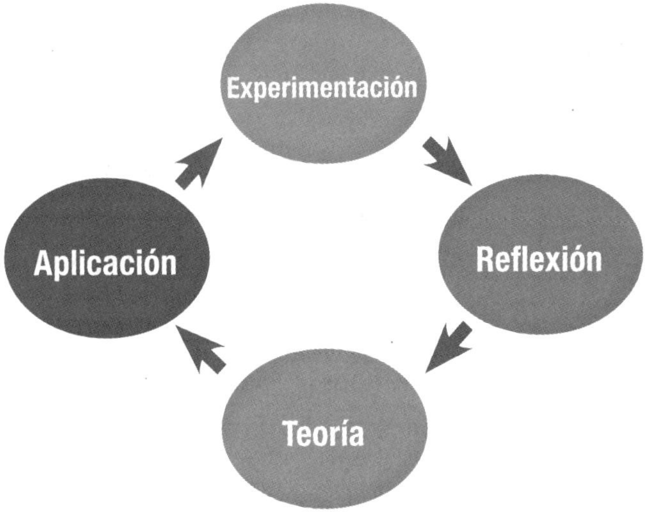

EXPERIMENTACIÓN

Todo aprendizaje efectivo empieza con la experimentación. Ésta es vital porque todo conocimiento nuevo siempre se apalanca en un conocimiento antiguo. Muchos de los conceptos que deseamos enseñarles a nuestros estudiantes resultan ser nuevos para ellos. Necesitamos ayudarlos a tener el contexto para poderlos aprender. Por ejemplo, es difícil enseñarles sobre deudas si aún no han tenido deudas. ¿Cómo le enseñarías que Jesús te rescata de la crisis más profunda si ellos aún no han tenido una crisis tan profunda? (No es la generalidad).

El punto es que muchas veces comenzamos dando una clase o un consejo solo desde nuestra experiencia, sin saber si ellos tienen todo el contexto para entendernos.

Mientras más sé de un tema, más difícil será comunicarlo. ¿Por qué? Porque mi conocimiento se construyó durante años y tengo un contexto que soporta ese conocimiento que las otras personas no tienen.

AYUDEMOS A LOS CHICOS A TENER UN CONTEXTO EXPERIMENTAL ANTES DE ENSEÑARLES ALGO.

Ayudemos a los chicos a tener un contexto experimental antes de enseñarles algo.

Imagínate que vamos a enseñar a niños de siete años sobre la batalla de Jericó, cuando la muralla fue derribada por el pueblo de Israel al darle siete vueltas y gritar fuertemente. Podríamos repartirles hojas de papel y pedirles que, solamente utilizando las hojas, construyan la pared más alta que puedan. Al terminar de construir la pared deben gritarle y soplar desde una distancia de dos metros hasta que la torre se caiga (prepárate para muuucho ruido en la clase).

Esta pequeña actividad les ayudará a tener un poco más de contexto acerca de ese día en que los israelitas dieron siete vueltas y en la séptima gritaron hasta que las murallas se cayeron.

Otro ejemplo puede ser con estudiantes de secundaria, a quienes les quiero enseñar sobre la generosidad. Qué pasaría si antes de iniciar la serie de prédicas sobre la generosidad armamos una visita a una comunidad de escasos recursos para poder compartir con ellos de lo que Dios nos ha dado y poder aprender acerca de su necesidad.

Un último ejemplo de este punto que quiero compartir es una actividad que se desarrolló en nuestra iglesia, la cual consistía en poner el desafío de levantarnos a orar todos los días durante una semana a las 5 a.m. y poder rendirnos cuentas de que lo estábamos haciendo a través de grupos de WhatsApp. Este desafío se lanzó una semana antes de iniciar una serie acerca de disciplinas espirituales.

¿Logras ver el beneficio de poner un contexto a lo que vamos a aprender antes de enseñar? El beneficio en términos de aprendizaje es inmenso.

A partir de esto lanzamos una propuesta para modificar nuestra planificación de prédicas en el año y buscamos que todas las series de prédicas iniciaran con un desafío. Nuestra niñez y juventud responde mejor a desafíos que a instrucciones.

Jesús les puso un gran desafío a los setenta y dos cuando los envío de dos en dos.

¿Qué crees que funciona mejor?:

"Ve, sube las escaleras y tráeme la bolsa que está en mi habitación".

O

"A qué no me traes la bolsa que está en mi habitación en menos de un minuto".

El aprendizaje de nuestros chicos funciona mejor con desafíos. Te invito a que pienses cómo puedes desafiar a tus estudiantes sobre lo que deseas enseñar.

REFLEXIÓN

El desafío propuesto en la experimentación tiene como principal objetivo despertar el interés y generar preguntas. La pregunta es uno de los más fuertes disparadores del aprendizaje.

¿Recuerdas cuando probaste manejar el automóvil de tu papá por primera vez? Fue después de la experimentación que te surgieron dudas:

- ¿Por qué se apaga cuando intento avanzar en primera? (para un auto con caja manual).
- ¿Cuál es la mejor manera de tomar el volante?
- ¿Cuándo debo cambiar de velocidades?
- ¿Qué tan sensible es el volante?
- ¿Por qué el auto necesita cambiar de velocidades?
- Etc., etc., etc.

En el momento en el que aparecen las preguntas...¡¡¡Estamos listos para aprender!!!

Cuando queramos enseñarles algo a nuestros estudiantes debemos ayudarles a tener dudas encausadas. Uno de los métodos más efectivos de clase hoy se denomina "clase invertida"(o flip the class en inglés). Para enseñar matemática, el profesor pide que hagan una serie de ejercicios, sin previa explicación y luego da la clase. Los beneficios son muy altos debido a que entonces se despierta el interés por aprender.

Cuando lanzamos el desafío de orar todos los días de una semana a las 5 a.m. los interrogantes fueron muy interesantes.

- ¿Cómo hago para mantenerme despierto? A esa hora aún tengo mucho sueño.
- ¿Es mejor levantarme e ir a un lugar a orar o me puedo quedar en la cama orando?
- Hay veces que se me acaban los temas de conversación con Dios. ¿Cómo puedo mejorar mi oración?
- ¿Cuánto debería durar normalmente mi oración?
- Etc., etc., etc.

Lo que captamos en las prédicas siguientes acerca de la oración fue muy interesante porque ya llevábamos preguntas y el interés creció. El objetivo fundamental de las preguntas en acrecentar el interés por la teoría que vamos a recibir.

Con el ejemplo de las hojas de papel y la historia del muro de Jericó, podemos ayudar a nuestros chicos lanzándoles preguntas como:

- ¿Qué se necesita para poder derribar una pared sólida?
- ¿Es normal que se pueda derribar solo gritando?
- ¿De qué tamaño creen que eran las paredes de Jericó?
- ¿Por qué crees que Dios les puso a gritar y dar vueltas?
- Etc., etc., etc.

En el libro *"Toda la Biblia en un Año para Niños"*, de e625, esta fue la metodología que se utilizó. La explicación de los libros de la Biblia empieza con una actividad que tiene como principal objetivo ayudar a plantear preguntas a los chicos. Muchas veces no tenemos la elocuencia o la capacidad de comunicación para hablar con estas nuevas generaciones, pero lanzarles preguntas es el mecanismo más efectivo para desatar conversaciones interesantes.

Te doy un ejemplo extraído de este libro:

Génesis 1:1-3

En Génesis se narra cómo fueron creados los cielos y la tierra, las plantas, los animales, el hombre y la mujer. La creación se da en siete días y Dios descansó el día siete. Cuando creó al ser humano se dio cuenta de que había hecho algo muy bueno.

Pregunta para nosotros: ¿Cuál fue el trabajo que más te ha costado hacer (algún video, armar un juguete, una tarea de la escuela)? ¿Qué sentiste cuando lo terminaste?

Conociendo más a Dios: A Dios le tomó siete días **crear** el mundo pero al terminar se sintió muy satisfecho de lo que había hecho. Conocemos que Dios es nuestro creador y que nos dio ese gran regalo de la **creatividad** para poder hacer cosas. Cada vez que crees algo acuérdate de tu Dios Creador.

Las preguntas son poderosas, pero pueden ser inefectivas si no entendemos cómo usarlas.

Se debe escuchar muy detenidamente para saber en dónde está el interés de los chicos. Uno de mis mejores amigos me compartía sobre lo difícil que era para él hacerle preguntas a su hijo. Su hijo fue diagnosticado con déficit de atención y su tiempo de atención a una conversación podía ser muy corto.

Él me decía que le preguntaba a su hijo: "¿Cómo te fue en la escuela?", queriendo iniciar una conversación significativa y él le respondía: "Bien, pero, ¡¿tú sabes que 25 más 25 por 2 es 100?!". Mi amigo se ponía triste por no lograr una conversación significativa (según él) acerca de cómo estaba su hijo en la escuela.

Creo que tú como lector ya lograste ver que lo que él debía hacer era seguir la conversación en base a la pregunta de su hijo. Por ejemplo, podría haber contestado: "Tienes razón, 25 más 25 por 2 es 100. ¿Cómo fue que llegaste a eso?", y de allí seguir la conversación. Mi amigo ha estado tratando intencionalmente de seguir las conversaciones tomando en cuenta las preguntas de su hijo y el cambio ha sido dramático, incluso en la duración de las conversaciones.

Las preguntas pueden ser una forma maravillosa de encender el aprendizaje.

LAS PREGUNTAS PUEDEN SER UNA FORMA MARAVILLOSA DE ENCENDER EL APRENDIZAJE.

TEORÍA

La teoría se refiere al conocimiento nuevo que queremos agregar. Aquí puede estar la predicación, el pasaje a aprender, el concepto a adquirir, etc. En esto creo que somos expertos en la iglesia. El problema es que iniciar solo con la teoría no genera mucho aprendizaje. Un consejo en este punto es que un niño tiene más o menos un tiempo de atención igual a su edad. Por ejemplo en un niño de ocho años su tiempo de atención es de ocho minutos (esto no es exactamente así, pero es una buena regla para dosificar el tiempo invertido en "hablarles" a los chicos).

Lograr mantener la atención y lograr la retención de lo aprendido es todo un desafío.

En la siguiente gráfica exploramos mecanismos de enseñanza vs su porcentaje de retención estimado.

NIVELES DE RETENCIÓN PARA DIFERENTES MÉTODOS DE APRENDIZAJE

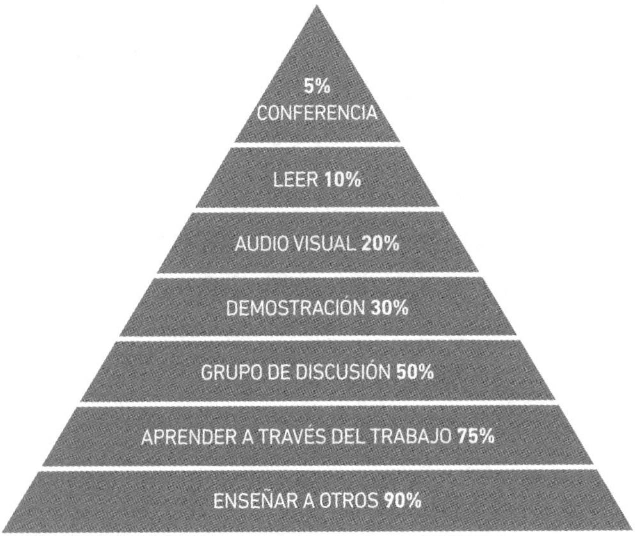

Fuente: NTL-Institute for Applied Behavioral Science (1965)

Como podrán observar. Escuchar solo genera un 5% de retención de lo enseñado. No creo que sea el mecanismo de aprendizaje más efectivo para usar con niños, pero tristemente es el más popular entre las escuelas de hoy.

Leer, escribir y usar material audiovisual mejoran el porcentaje de retención de lo enseñado, pero aún son porcentajes bajos. No quisiera que a un mensaje tan importante como el que la Biblia nos brinda lo rebajemos a estos estándares. Estos son considerados mecanismos pasivos de enseñanza.

¡Siempre insistí para que en la escuela dominical desarrolláramos las actividades de manera que los chicos hablaran más y el maestro hablara menos!

Es interesante que los mecanismos activos como la discusión y el aprender haciendo generen porcentajes de retención más interesantes. Por esto me gusta que enseñemos la Biblia siempre en grupos pequeños de niños, porque allí se presta más para poder experimentar estos mecanismos de enseñanza.

Hay una estrategia de enseñanza que en lo particular siempre me ha parecido tan fascinante como efectiva. Genera un 90% de retención... eso es muchísimo. Esta técnica es enseñar a otros lo aprendido recientemente. ¿Cómo podríamos hacer para que nuestros chicos y chicas puedan experimentar esta técnica? Me parece que podríamos motivarlos a que les enseñen a sus amigos y/o familiares lo aprendido durante una reunión.

La teoría no debe ser aburrida. Pablo le recomendó a Timoteo que le agregara un poco de condimento a sus palabras. Creo que Pablo había aprendido eso después de que algunos como Eutico se le durmieran en sus extensas predicaciones. Hagamos el esfuerzo de agregarle un poco de condimento al mensaje que demos. Después de todo, una persona feliz aprende mucho mejor que una persona enojada.

El cerebro se reconfigura hacia el aprendizaje en estados de felicidad y tranquilidad. La ansiedad y el estrés es uno de los inhibidores más fuertes del aprendizaje en el cerebro humano. Ayudemos a que el entorno y contexto en donde enseñemos sea lo más agradable posible para nuestros estudiantes.

APLICACIÓN

En Mateo 5:19 se detalla lo que Jesús pensaba acerca de la aplicación de la palabra.

Por eso, el que desobedezca el más pequeño mandamiento, y así les enseñe a los demás, se convertirá en la persona más pequeña del reino de los cielos; pero quien obedezca y enseñe los mandamientos de Dios, será grande en el reino de los cielos.

LA APLICACIÓN ES LA FINALIDAD ÚLTIMA DE LA PREDICACIÓN DE LA PALABRA DE DIOS. NO HAY FE SIN OBRAS.

Lo importante realmente no es enseñar los mandamientos de Jesús, sino enseñarlos y ponerlos en práctica.

La aplicación es la finalidad última de la predicación de la Palabra de Dios. No fe sin obras. La fe y las obras están íntimamente relacionadas.

Debemos enfocarnos en ayudar a nuestros estudiantes y desafiarlos a aplicar lo aprendido en sus contextos, entendiendo que en la siguiente sesión que tengamos con ellos podamos tener un sistema de rendición de cuentas o evaluación de cómo les fue en la aplicación. Allí evaluaremos realmente el aprendizaje.

Cuando escribí el libro de *Toda la Biblia en un Año* (al cual hice referencia anteriormente), uno de los libros a los cuales me costó más trabajo encontrarle una aplicación entendible para los niños fue Abdías. Es el libro más pequeño del Antiguo Testamento, con apenas un capítulo y narra la reprensión de Dios contra Edom. El libro narra un enojo muy fuerte de Dios haciendo referencia al maltrato de Esaú con su hermano Jacob. ¿Cómo hacía para "aterrizar" ese libro en una aplicación?

Piensa siempre en una aplicación como una acción a realizar con lo aprendido. Un reto o un desafío a realizar. Un proyecto a construir o un problema a resolver.

Creo que una idea de aplicación de este libro para con los chicos puede tener su luz en el versículo 12:

"¡No debiste haber actuado así! ¡No debiste haberte alegrado cuando los llevaron cautivos a tierras extrañas! ¡No debiste alegrarte en el día de su infortunio! ¡No debiste burlarte en el día de su necesidad!"

La acción que podríamos invitar a hacer a nuestros chicos es escribir en una hoja el nombre de alguien del cual ellos se hayan burlado porque le pasó algo malo. Una vez que tengan escrito el nombre podrían ponerse de pie y hacer una oración a Dios pidiendo perdón por haberse reído de su hermano en su mal día.

He visto también muchas ideas de proyectos de aplicación con el conocimiento que se adquiere. Por ejemplo, la última Navidad un grupo de chicos de la iglesia armó un proyecto en donde recogieron juguetes en buen estado para regalar a chicos que no podían tener uno. A los juguetes los envolvieron en cajas de zapatos las cuales ellos decoraron y dentro de la caja pusieron una tarjeta de Navidad para quien iba a recibir el regalo.

En fin, lo que intenté hacer con este capítulo fue explicar cómo dentro de la consejería podemos recurrir a procesos de enseñanza-aprendizaje efectivos porque, a fin de cuentas, si el aprendizaje es el grado de cambio que una persona tiene a partir de la experiencia, los consejeros al final son personas que desean que el aprendizaje suceda.

5
EL SECRETO DE LA CONGRUENCIA

A LOS NIÑOS LES DAREMOS LO MEJOR

Imagina que debes hacer un viaje de emergencia por lo cual estarás un buen tiempo afuera y has decidido dejar a tus hijos al cuidado de unos amigos (a los cuales les tiene mucha confianza). ¿Cuál sería tu reacción si al regresar encuentras que a tus hijos los mantuvieron encerrados en una habitación fea, en donde solo tenían una televisión para poder ver películas viejas y cuando los niños decían que no querían ir a esa habitación, tus amigos los regañaban y les decían que tenían que ir a la habitación porque a su PADRE le agrada que lo hagan?

ES MAYOR EL IMPACTO Y EL CAMBIO QUE PODEMOS HACER EN UN NIÑO QUE LO QUE PODEMOS HACER EN UN ADULTO.

Bueno, más o menos eso ha sido la escuela dominical en muchas iglesias alrededor de Latinoamérica. Me ha tocado conocer iglesias que invierten muchísimo en el auditorio de los adultos y a los niños le dan habitaciones de entretenimiento feas.

Jesús dijo: *"No impidan que los niños vengan a mí, porque de ellos es el reino de los cielos".* (Mateo 19:14).

La verdad es que los niños son preciados para nuestro Dios y Él nos ha confiado su cuidado y su enseñanza. Me parece que debemos reflexionar sobre la importancia de enfocarnos en el trabajo con los niños siendo congruentes con la responsabilidad que se nos ha confiado.

Algunas iglesias creen que solo deben entretener a los niños mientras los adultos son ministrados en la palabra. La verdad es que es mayor el impacto y el cambio que podemos hacer en un niño que lo que podemos hacer en un adulto. Barna Group, una organización especializada en estadísticas, calcula que en las iglesias perdemos cuatro de cada cinco niños, es decir, que de cinco niños que pasaron por la escuela dominical infantil, solo uno se convierte en un seguidor de Jesús en su etapa adulta.

UN JOVEN QUE CRECIÓ EN LA IGLESIA USUALMENTE ES UN CRISTIANO MÁS COMPROMETIDO CON SU CONGREGACIÓN EN TODO SENTIDO.

Visto en términos de evangelismo, es más inteligente y coherente invertir lo mejor que podamos en los niños y jóvenes. Un joven que creció en la iglesia usualmente es un cristiano más comprometido con su congregación en todo sentido.

LA CONGRUENCIA

Titulamos este capítulo "El secreto de la congruencia" porque creo que debemos hacer un llamado a ser congruentes con lo que predicamos en lo que respecta al trabajo con los niños.

Lo peor que podemos hacer para predicar el evangelio es decir y no hacer. Jesús es la Palabra de Dios hecha carne. Jesús es el Verbo. Predicar el evangelio es llevar a la acción lo que decimos. Como vimos en el capítulo anterior, alguien que enseña pero que no hace es llamado muy pequeño en el reino de los cielos. Santiago cuestiona nuestra fe si ésta no está asociada a acciones. Juan dice que el que no muestra su amor con acciones no puede decir que conoce a Dios.

A continuación quiero enumerar algunos aspectos en donde necesitamos revisar nuestra congruencia entre el discurso y la acción en el ministerio de niños:

1) En nuestro modelo de vida

Dios configuró nuestro cerebro para detectar la incongruencia. Cuando nosotros detectamos que una persona es incongruente en su discurso y su acción automáticamente invalidamos todo lo que escuchamos. Parece ser que venimos cableados para detectar la incongruencia en las personas.

Un experto en espectáculos me dijo una vez que los artistas se seleccionan por el grado de congruencia que tengan entre su vida y el arte que interpretan. Por ejemplo, una persona que interpreta música rock descontrolada con mensajes de inconformidad, resulta ser apreciado por su público si su vida es congruente con su música, viviendo de una forma descontrolada.

Las personas no hacen lo que les dicen, hacen lo que ven hacer. Es increíble cómo los hijos caminan igual que los papás, tienen los mismos ademanes y hasta hablan igual. La integridad con la que nos comportemos nos acompañará a donde vayamos: a la oficina, a casa, a la iglesia, a todos lados.

LOS NIÑOS HACEN MÁS LO QUE VEN QUE LO QUE OYEN.

Ser el modelo de lo que queremos enseñar, resulta ser el mecanismo más poderoso para enseñar cambios actitudinales. Nosotros enseñamos a los niños de manera más potente con nuestro ejemplo y conducta que con los discursos o clases que les demos.

Por favor recuerda: "Los niños hacen más lo que ven que lo que oyen".

SER EL MODELO DE LO QUE QUEREMOS ENSEÑAR, RESULTA SER EL MECANISMO MÁS PODEROSO PARA ENSEÑAR CAMBIOS ACTITUDINALES.

La figura más parecida a Jesús para nuestros chicos somos nosotros, sus líderes. Enseñemos con nuestra vida, seamos dignos representantes de Jesús para nuestros chicos.

2) En el entorno físico en donde les enseñamos

Una de las incongruencias más grandes en nuestro discurso acerca de las nuevas generaciones son las instalaciones en donde trabajamos con ellas en la iglesia.

¿Por qué hacemos girar las decisiones de inversión de infraestructura de nuestras iglesias en torno a lo que los adultos necesitan?

La inversión en las instalaciones del área de niños no es una garantía de buena educación o de un buen trabajo, pero tener a los chicos en instalaciones que reflejen una falta de preocupación por ellos podría dar un mensaje equivocado.

Con mi esposa hemos visitado iglesias en donde el salón de los adultos es una belleza impresionante: pantallas de última generación, aire acondicionado, sonido impecable, una banda de músicos de primera, sillas cómodas para escuchar el mensaje, etc. Lo triste es que en algunas de estas iglesias, cuando visitamos el área de niños las instalaciones resultan ser tan básicas y deprimentes que ni nosotros nos hemos querido quedar mucho tiempo allí.

EL PRESUPUESTO DEL ÁREA DE NIÑOS DEBE SER CONGRUENTE CON LO QUE INVERTIMOS CON LOS ADULTOS Y NO BRUTALMENTE DESPROPORCIONADO.

Recordando la metáfora del inicio del capítulo, si tú fueras el papá que dejó a sus hijos al cuidado de su amigo y te das cuenta de que tu amigo está en la sala principal de la casa rodeado de comodidades y que a tu hijo lo encerraron junto a otros amiguitos en el sótano de la casa, creo que te enojarías mucho.

Nuestra invitación es a que pensemos en que el presupuesto del área de niños sea congruente con lo que invertimos con los adultos y no brutalmente desproporcionado.

Invirtamos lo mejor que podamos en nuestras nuevas generaciones. Recordemos que no es un gasto, es una inversión.

Donde esté nuestro tesoro, allí estará nuestro corazón. Invertir en el ministerio de niños de una forma esforzada y consistente dará una tremenda declaración de la importancia que esta área tiene para la congregación.

3) En el trato que les damos

El mensaje central de la Biblia es el amor de Dios por nosotros. Dios es amor, dice el apóstol Juan en su primera carta.

Seamos congruentes con ese amor en el trato que les damos a nuestros chicos. Nosotros somos el lugar de refugio para muchos de ellos que viven una vida turbulenta en sus casas y/o escuelas.

El bullying parece propagarse de forma endémica entre los estudiantes de este tiempo, alentado por la influencia de los medios, la desintegración familiar y el maltrato en casa. Nuestros chicos están sufriendo mucho con este flagelo.

Seamos Jesús para ellos. Mostrémosles el amor de Dios a través de nuestras vidas para que al entrar a la iglesia o al tener contacto con nosotros puedan entender que están en un lugar seguro para ellos y puedan conocer del amor de Dios mediante nuestro trato con ellos.

Una chica de diez años que asistía a nuestra congregación estaba sufriendo muchísimo con el bullying que otras tres compañeras le generaban. Lo triste de la historia es que las otras tres compañeras de su escuela que hacían esto también asistían a la iglesia. La niña a la que "buleaban" tuvo la oportunidad de contarle a su líder de grupo pequeño el problema y ella pudo servir de mediadora y acompañarlas en el proceso de perdón y reconciliación. Creo que logró un espacio seguro para las niñas en donde pudieron abrir su corazón.

Busquemos que nuestras congregaciones sean espacios seguros para nuestros niños.

4) En la liturgia que les enseñamos

En el libro de Apocalipsis se narra una descripción de cómo podría ser una liturgia en el cielo.

Apocalipsis 4: 8-11

"Cada uno de ellos tenía seis alas y estaba cubierto de ojos por dentro y por fuera. Y día y noche decían:

«Santo, santo, santo es el Señor Dios todopoderoso, el que era, que es y que ha de venir».

Y cada vez que los seres vivientes daban gloria, honra y acción de gracias al que estaba sentado en el trono, al que vive para siempre, los veinticuatro ancianos se postraban en adoración delante del que vive eternamente y tiraban sus coronas delante del trono, al tiempo que cantaban:

«Señor, eres digno de recibir la gloria, la honra y el poder, porque tú creaste el universo. Lo que existe, existe porque tú quisiste crearlo".

Aquí se describe a muchas personas de una posición alta de autoridad adorando frente al Trono de Dios, las cuales adoran a Dios de una forma demostrativa. Es decir, mientras más cerca están del Trono, más demostrativos son con la forma de adorar a Dios. La pregunta es: "¿cuán demostrativos somos en nuestra forma de adorar a Dios, especialmente delante de los niños que lideramos?

RECORDEMOS QUE SOMOS MODELOS PARA NUESTROS CHICOS INCLUSO EN LA FORMA EN QUE ADORAMOS A DIOS.

¿De qué manera aprenderán nuestros chicos a adorar a Dios? De la manera en la que vean que los líderes lo hacen.

Es muy común ver un servicio en donde los maestros o líderes de niños no se involucran en demostraciones físicas de alabanza a Dios, funcionando solo como cuidadores. La invitación es para que el liderazgo de la iglesia sea el encargado de demostrar cómo podemos adorar a Dios de forma demostrativa.

Recordemos que somos modelos para nuestros chicos incluso en la forma en que adoramos a Dios.

5) En la forma en que nos referimos a los que trabajan con niños

Esto me lleva a hablar de un aspecto que me duele muchísimo y es la forma en que los miembros de la congregación y su liderazgo se refieren a lo relacionado con el trabajo en el ministerio infantil.

Aquí te cuento dos historias cortas:

Los músicos y el área de niños

Mi esposa y yo fuimos por muchos años encargados del equipo de alabanza de la iglesia y con mucha vergüenza recuerdo que era una broma común decir que quien se confundiera al interpretar una canción, tendrían como castigo "ir con los niños a dirigir la alabanza".

Al dirigir el ministerio de niños nos dimos cuenta de que los niños necesitan, por muchas razones prácticas, que **los mejores músicos** y cantantes estén en esa área. ¡Qué gran cambio de paradigma! Una de las razones prácticas es que la afinación musical de una persona se da antes de los doce años. Después de esa edad, es prácticamente imposible afinar musicalmente. Debemos exponer a nuestros chicos a los mejores cantantes o por lo menos no exponerlos a personas desafinadas.

Otra razón práctica es que una iglesia haría una acción muy inteligente al formar músicos desde las edades tempranas para que al crecer sean quienes se encarguen de la música en la congregación. Por lo anterior, enviemos a los mejores músicos posibles a trabajar en el área de niños. En nuestra experiencia, fue tan lindo el resultado que empezamos a producir discos para niños de muy buena calidad.

La función de los músicos es una de las más complicadas de suplir en una congregación. Hay una enorme diferencia entre trabajar con músicos que fueron formados en nuestra congregación y músicos que son invitados a ministrar solo por su talento y no por el cariño o aprecio que pueden tenerle a la congregación.

El saludo a los voluntarios

Más que una historia, la siguiente es una buena práctica que se implementó en la iglesia impulsada por el pastor principal. Esta práctica era saludar con muestras de agradecimiento a todos los que se identificaban como voluntarios del área de niños.

El pastor le pidió a la congregación que detuviera a cada persona que viera en los pasillos, antes o después del servicio, identificada como voluntario del área de niños, y que lo saludase en forma muy efusiva dándole las gracias por todo lo que hacía con los chicos, por su esfuerzo, por el tiempo que dedicaban y por su entusiasmo.

La idea es hacer del trabajo con niños un trabajo de alta estima en la congregación y no verlo como un trabajo de segunda categoría, de esa manera más gente querrá involucrarse en el servicio.

Esto debe ser una acción genuina del corazón que debe modelarse en todo el liderazgo de la congregación para que vaya adoptándose como algo propio de la cultura de la iglesia.

6
EL SECRETO DE LOS VALORES

DEFINAMOS QUÉ VALORAMOS

En una organización con constantes cambios y con sentido de innovación es de vital importancia tener en cuenta los **valores** de esta para entender bien qué valoramos, de manera que la innovación no nos lleve en el futuro a hacer cambios que al final estén desviados del objetivo inicial de la organización.

La Biblia dice en Jeremías 6:16:

"El SEÑOR les dio el mejor consejo: Pregunten dónde está el buen camino, las instrucciones justas en las que antes se orientaban, y vuelvan a vivir

conforme a ellas. ¡Ya verán lo bien que se sentirán por ello! Pero responden: '¡No, estamos bien así!'".

NO PERDAMOS A NUESTRAS FAMILIAS POR TRABAJAR EN UN MINISTERIO DE LA IGLESIA.

Si perdemos claridad con respecto al camino inicial, nos encontraremos haciendo cosas que no pensamos que haríamos y que no valorábamos.

Algunos de los valores que definimos en el área de niños fueron los siguientes:

- La familia es lo más importante.
- Enseñamos la Biblia creativa y relevantemente.
- La vamos a pasar siempre muy bien.
- Que los niños hablen en entornos pequeños.
- Pensamos en *fases*.

LA FAMILIA ES LO MÁS IMPORTANTE

Una de las máximas que más usamos para tomar decisiones sobre el área de niños es: "mucha gente haciendo pocas cosas". Uno de los problemas más comunes, como he explicado, es el agotamiento y cansancio que el trabajo con niños genera.

Sería muy triste que años después de trabajar en el área de niños o en otra área de la iglesia, veamos que la fe de nuestros hijos no se vio beneficiada por este trabajo. No perdamos a nuestras familias por trabajar en un ministerio de la iglesia.

SERÍA MUY TRISTE QUE AÑOS DESPUÉS DE TRABAJAR EN EL ÁREA DE NIÑOS VEAMOS QUE LA FE DE NUESTROS HIJOS NO SE VIO BENEFICIADA POR ESTE TRABAJO.

Como ya mencioné, una acción práctica derivada de este valor fue que suspendimos *todas* las reuniones de trabajo los días sábado para que el servicio no interfiera en el tiempo de familia. ¿Cómo logramos coordinarnos? Eso se resuelve con creatividad y teniendo una guía de trabajo.

Cuidemos a nuestra familia. Especialmente los líderes del área de niños deben entender que sus hijos son responsabilidad de ellos. Por otra parte, Pablo instó a los esposos a que amen a sus esposas como Cristo amó a la Iglesia. En este pasaje vemos que el encargado de amar y cuidar a la Iglesia es Cristo, mientras que el responsable de amar a nuestras esposas somos los esposos. Es muy común ver líderes de niños desgastados en su relación matrimonial porque se enfocaron más en el servicio y descuidaron lo más importante, lo que se debe valorar más que es la familia que Dios nos dio a cuidar.

ENSEÑAMOS LA BIBLIA CREATIVA Y RELEVANTEMENTE

La Biblia debe ser el centro de la enseñanza de nuestras áreas de niños, manteniendo una tensión sana entre creatividad y relevancia.

La creatividad debe ser intencional y una excelente oportunidad para involucrar a un equipo de jóvenes y personas con alta creatividad. Trabajar por series es un buen mecanismo para poder enfocar nuestra creatividad. La tensión empieza en que en estas edades el pensamiento abstracto de nuestros chicos no se ha terminado de desarrollar. Su pensamiento es concreto.

Por ejemplo, si enseñamos sobre el Espíritu Santo descendiendo sobre Jesús en forma de una paloma, debemos estar conscientes de que los chicos, que aún no han desarrollado el pensamiento abstracto, entenderán que el Espíritu Santo ES una paloma.

Otro problema es creer que ellos pueden hacer solos las inferencias en una enseñanza. Debemos ayudarlos a "aterrizar" lo que les enseñamos a través de aplicaciones para su día a día, a fin de ayudarles a ver que la Biblia es la mejor forma de tomar decisiones en la vida.

Jesús calmando la tormenta en una barca es una enseñanza que para un adulto tiene una aplicación práctica muy fácil de entender, pero para un niño no será tan fácil de aplicar en su día a día. Nos tocará ayudarles a hacer el proceso de interpretar la analogía y de contextualizarlo en su día a día.

La creatividad no es fácil de generar. Mi recomendación es armar un equipo especializado de personas orientadas a la creatividad y a la ejecución. Ambas son características opuestas pero necesarias. Muchas ideas sin ejecución llegan a cansar al equipo y equipos muy rígidos que no valoren la creatividad llegan a volverse monótonos. Te sorprenderá la cantidad de voluntarios que puedes conseguir para este equipo. ¡Lánzales el desafío de enseñar la Biblia de forma creativa y verás los resultados!

La vamos a pasar siempre muy bien

Sue Miller escribió hace algún tiempo un libro titulado "Cómo hacer del Ministerio de Niños la mejor hora de la semana de cada niño". Este libro nos inspiró muchísimo como equipo y de alguna manera nos planteó el desafío: cómo hacemos para que el domingo sea el mejor momento de la semana para nuestros chicos.

Podemos preparar todo y desafiarnos constantemente a hacer de esta hora un gran momento. Uno de los testimonios más lindos que tengo sobre el ministerio de niños es una familia (que hoy son nuestros amigos) en donde el papá no creyente tenía muchos prejuicios acerca de ir a la iglesia. La mamá, creyente, siempre había estado orando para que su esposo llegara a los pies de Cristo. Un día cercano a su décimo aniversario, la esposa le pidió a su marido como regalo de aniversario que la acompañara a la iglesia por una única vez. Su propuesta fue la siguiente: "Si me acompañas a la iglesia una vez, como regalo de aniversario nunca más te pediré que vayas conmigo a la iglesia". La propuesta le pareció tentadora a nuestro amigo, ya que lo único que tendría que hacer era soportar una hora y media en la iglesia, escuchar la música y oír al predicador. Todavía se dio el lujo de darle algunas condiciones a su esposa como que se iría si empezaban a hacer cosas "raras" con él. Nuestro amigo fue a la iglesia y logró "sobrevivir" ese tiempo. Su comentario fue: "Ya cumplí y no me pareció tan mal, hasta podría volver alguna otra vez". La sorpresa fue cuando fueron a buscar a sus hijos (de siete y cinco años) al área de niños: sus hijos salieron corriendo gritándole: "Papá, papá, ¿podemos volver aquí la otra semana? ¡Esto está buenísimo!". Desde ese momento y hasta el día de hoy, mi amigo lleva más de cinco años asistiendo constantemente a la iglesia, y un año después de haber comenzado a ir se bautizó reconociendo a Jesús como su único Señor y Salvador.

LA SALVACIÓN PODRÍA ESTAR ENTRANDO A LAS FAMILIAS DE ESTA GENERACIÓN MEDIANTE SUS HIJOS.

Esto resume por qué deseamos convertir el domingo en el mejor día de la semana de nuestros chicos.

La salvación podría estar entrando a las familias de esta generación mediante sus hijos.

QUE LOS NIÑOS HABLEN EN ENTORNOS PEQUEÑOS

La mejor manera de saber qué fue lo que alguien entendió es pedirle que nos lo explique y conversar con él. La iglesia tradicionalmente se reúne en un formato de enseñanza–aprendizaje de una sola vía. Esto no siempre fue así.

Creemos que los grupos pequeños son el mejor mecanismo para aprender y escuchar a nuestros chicos. No importa el tamaño que tenga nuestra congregación, el mejor mecanismo es el trabajo mediante grupos pequeños homogéneos.

Hace poco estuvimos en una congregación con veinticuatro niños entre los seis y los quince años. Todos estaban en un solo salón (que me recordaba más a una cárcel) mientras que el auditorio de adultos estrenaba el sistema de aire acondicionado. La recomendación para poder trabajar fue reunir a los chicos en grupos con no más de un año de separación entre ellos. Resultaron cinco grupos, algunos con tres niños como integrantes.

LOS GRUPOS PEQUEÑOS SON EL MEJOR MECANISMO PARA APRENDER Y ESCUCHAR A NUESTROS CHICOS.

En ambientes más pequeños los chicos aprenderán mejor y podrán abrirse en un entorno más seguro.

7
EL SECRETO DE LA AMISTAD

LA IMPORTANCIA DE TENER AMIGOS CRISTIANOS

Pasar la adolescencia con un grupo fuerte de amigos cristianos de la iglesia es una forma de sobrevivir ante un mundo cada vez más agresivo. ¿En dónde van a hacer estos amigos? La respuesta es: en el área de niños y de allí gran parte de su importancia.

Algunas ideas de cómo ayudarles a forjar lazos de amistad fuertes en el área de niños son las siguientes:

MANEJAR MEJOR LAS TRANSICIONES EN EL MINISTERIO DE NIÑOS

Perdemos a nuestros chicos en las transiciones de un área a otra. De hecho, perdemos a muchas de las personas de nuestra congregación cada vez que tienen transiciones fuertes porque, como iglesia, debemos entender que cada cambio de situación implica que debemos prepararlas nuevamente para enfrentar dicho cambio y no asumir que porque son maduras en el estado actual conservarán esta madurez en el siguiente estado.

Por ejemplo, un líder de jóvenes puede llegar a tener un grado de madurez muy alto pero cuando se casa su grado de madurez, con respecto a la nueva situación, vuelve a ser el de un inexperto; sin embargo como iglesia lo seguimos tratando como maduro, y él mismo se sigue viendo como maduro sin reconocer el cambio y la necesidad de volver a capacitarse, de pedir consejo y de saberse neófito en esta nueva situación.

La teoría del liderazgo situacional propuesta por Ken Blanchard nos aclara mucho esta situación. La teoría dice que nuestro estilo de liderazgo hacia una persona está determinado por la madurez de la persona liderada ante una situación. Si la situación cambia, nuestro estilo de liderazgo hacia la persona debe cambiar. Cada vez que nuestros chicos experimentan un cambio de situación o entorno debemos acompañarlos entendiendo que otra vez empezará el proceso.

¿Cómo ayudamos a que los chicos salgan del área de niños y pasen al área de jóvenes?

Esta pregunta es tan amplia que deberíamos hacerla en cada una de las transiciones que experimentamos en la vida. Por el momento quiero centrarme en el área de niños.

Al empezar a trabajar de manera más relevante y cambiar el área de niños, notamos que se daba el fenómeno de la resistencia al cambio. Habíamos articulado cuatro grandes grupos:

- Sala Cuna – de 0 a 3 años (o hasta que no necesitara pañales)
- Zona de Cambio – de 3 a 6 años
- El Hangar – de Primero a Sexto Grado
- La Clase – de Séptimo a Noveno Grado

Comenzamos a tener el problema al final del Hangar y al final de La Clase. Los chicos no querían pasar a su siguiente grupo. En el Hangar aún teníamos chicos de catorce años y en La Clase podíamos tener chicos de hasta diecisiete. Esto no era lo que habíamos diseñado. El problema era que no querían cambiar de grupo.

Al principio, los grupos estaban armados solo por edades y no por grados escolares. Este es, en gran parte, el problema: si el criterio de estructurar los grupos es la edad, cada niño cumple años en meses diferentes. La intención de tener grupos pequeños es que vayan creciendo como amigos, pero si un chico del grupo pequeño cumple años en enero, el otro el abril, otra en junio, otra en septiembre, etc., no querrán cambiar solos y pasar al otro grupo.

Lo más práctico para resolver este problema eran los grados escolares. Es más, utilizamos esta forma de segmentarlos para poder hacer una graduación a fin de año que celebre que están terminando un ciclo y una fiesta de bienvenida al inicio del año escolar para poder ayudarlos a incorporarse en su nuevo grupo. Esto haría menos traumático el cambio y ayudaría al grupo entero en su nueva transición de grupo.

Estas fiestas de graduación y de bienvenida tienen el potencial de convertirse en algo muy especial para los chicos, de manera que las esperen y las celebren juntos. Aprovechemos para mostrar toda nuestra creatividad en ellas sin olvidar que lo más importante aquí es ayudarles a desarrollar vínculos de amistad entre ellos.

TENER EVENTOS SIGNIFICATIVOS ORIENTADOS A COMPARTIR MÁS TIEMPO

Un evento muy esperado por nuestros chicos era el campamento de fin de año. El campamento es una gran oportunidad para generar vínculos de amistad. Pasan juntos tres días o hasta una semana (dependiendo de la edad). Los campamentos son retiros en lugares fuera de la ciudad para que los chicos puedan compartir la palabra, para guiarles a tener un encuentro con Dios y también para ayudarles a construir amistades fuertes entre ellos.

LA AMISTAD MÁS IMPORTANTE QUE PODEMOS AYUDAR A FOMENTAR, ES LA AMISTAD CON JESÚS.

No pensemos en los campamentos solo como un lugar para ir a jugar, ni tampoco solo como un lugar para irles a predicar. Analicemos el campamento en función de cómo las actividades les ayudan a conocerse mejor entre ellos y a compartir un espacio de amistad.

Por ejemplo, los grupos pequeños deben estar presentes para que los chicos puedan hablar y conocer las experiencias de sus amigos. Mientras más conozco a mis amigos, más significativa se vuelve mi relación con ellos.

La amistad más importante que podemos ayudar a fomentar, es la amistad con Jesús. Nuestros campamentos del Hangar o La Clase tenían una actividad para presentarles a Jesús como su Señor y Salvador. A los chicos que deseaban recibir a Jesús, los invitábamos una semana después a bautizarse, después de haberlo conversado con sus papás.

A esta celebración la llamamos "La Celebración de Cumpleaños". Es una actividad muy, muy especial en donde a cada chico que decide tomar su decisión de seguir a Jesús, previamente le tomamos un video de sesenta segundos en el cual públicamente reconoce su fe. A este video lo pasamos mientras se están bautizando en una piscina (o pileta). Lo armamos como una celebración en presencia de los familiares de los chicos. Es un momento sumamente emotivo en el cual el llanto de alegría es el común denominador de los participantes.

DARLE SU VERDADERO VALOR A LA AMISTAD

En el evangelio de Juan, del capítulo 13 al 17, Jesús está cenando con sus amigos y les da una charla final, semejando un acto de graduación. La profundidad de la charla es impresionante.

Juan 15:15 dice:

"Ya no les llamo sirvientes, porque el sirviente no sabe lo que hace su amo. Ahora los llamo amigos, porque les he enseñado todo lo que he oído decir a mi Padre".

Jesús los elevó a un nivel más profundo de relación. Este nivel se llama "Amistad". Como iglesia debemos darle el verdadero valor a la amistad y podemos enseñar esto a todas las personas, empezando por nuestros chicos.

Como hemos visto, como líderes debemos ser un ejemplo de esto para nuestros niños. Con el transcurso de los años debemos ser cada vez más amigos de los líderes con los que estamos en el ministerio de niños. Un ministerio que ayuda a que seamos más amigos a través del tiempo, va en la dirección correcta en su proceso de crecimiento espiritual. Un ministerio cuyos líderes eran más amigos antes cuando iniciaron que hoy que ha transcurrido el tiempo, va en la dirección incorrecta. Seamos amigos.

Un verdadero amigo da la vida por sus amigos. De hecho Jesús introduce en este pasaje un nuevo mandamiento:

"Les doy este mandamiento nuevo: que se amen unos a otros. Así como yo los amo, ustedes deben amarse unos a otros". (Juan 13:34).

El amor entre los hermanos es el mandamiento más alto que Jesús nos enseñó. En efecto, el apóstol

Juan, quien más vivió el evangelio en la tierra, en su primera carta hace la declaración diciendo que Dios es amor.

Sin amor, dice Pablo, todo nuestro esfuerzo sería en vano:

1 Corintios 13:1-3
"Si yo tengo el don de hablar en lenguas humanas o angélicas y no tengo amor, soy como un metal que resuena o un platillo que hace ruido.

Si tengo el don de profecía y sé absolutamente de todo, y no tengo amor, no soy nada. Y si tengo una fe tan grande que puedo hacer que los montes cambien de lugar, de nada me servirá sin amor.

Si entrego a los pobres hasta el último bien terrenal que poseo, y si dejo que me quemen vivo, pero no tengo amor, de nada me servirá".

Mi mensaje para los líderes de ministerios de niños es que cuiden que el amor no deje de ser el centro del ministerio. De nada serviría tener el mejor programa de niños, el sistema más eficiente de enseñanza y la infraestructura más espectacular si no hay amor. Si no tenemos amor entre nosotros de nada nos *sirve*.

DE NADA SERVIRÍA TENER EL MEJOR PROGRAMA DE NIÑOS, EL SISTEMA MÁS EFICIENTE DE ENSEÑANZA Y LA INFRAESTRUCTURA MÁS ESPECTACULAR SI NO HAY AMOR.

Que la bandera por la cual reconozcan a nuestro ministerio de niños sea el *amor*. El amor es evidenciable. Vamos a trabajar por tener un ministerio de niños efectivo y creciente pero mi oración es para que el *amor* sea la señal sobre nosotros.

PALABRAS FINALES

¡Ánimo! Esta es la palabra final que deseo dejarles a todos los líderes de niños interesados en invertirse a sí mismos a favor del crecimiento espiritual de nuestros chicos y chicas.

EN GENERAL NO RECIBIRÁS UN AGRADECIMIENTO INMEDIATO DE LOS CHICOS QUE FORMASTE, PERO LA HUELLA QUE HABRÁS DEJADO EN SUS VIDAS ES ETERNA.

No hay muestra de amor más grande que dar la vida por nuestros hermanos. Invertir nuestra vida en la vida de nuestros chicos tendrá su recompensa en esta vida y en el cielo. En general no recibirás un agradecimiento inmediato de los chicos que formaste, pero la huella que habrás dejado en sus vidas es eterna.

Gracias por haber invertido tu tiempo, recursos, esfuerzo y pasión en la siguiente generación. Gracias, muchas gracias.

El Señor te permita ver en la vida de tu familia la recompensa de haberte invertido en la vida de nuestros hijos.

Simplemente gracias en el nombre de la Iglesia y en el Nombre de Jesús.

BIBLIOGRAFÍA

- Constance, Betty. Más que maestros. Ayudas para el cuidado pastoral del niño. Publicaciones Alianza, 2013.
- Joiner, Reggie y Leys, Lucas. Los padres que tus hijos necesitan. Especialidades625, 2017.
- Josh McDowell, David H. Bellis, La ultima generación de cristianos. Editorial Mundo Hispano, 2007.
- Larry Fowler. Rock- Solid Children's Ministry (Ministerio de niños fuerte como una roca). Bethany House, 2012.
- Pinedo, Enrique. Niñez, adolescencia y misión integral. Kairós, 2012.
- Vygotsky, Lev. El desarrollo de los procesos psicológicos superiores. Austral, 2012.

MIS SECRETOS

ALGUNAS PREGUNTAS QUE DEBES RESPONDER:

¿QUIÉN ESTÁ DETRÁS DE ESTE LIBRO?

Especialidades 625 es un equipo de pastores y siervos de distintos países, distintas denominaciones, distintos tamaños y estilos de iglesia que amamos a Cristo y a las nuevas generaciones.

e625.com

¿DE QUÉ SE TRATA E625.COM?

Nuestra pasión es ayudar a las familias y a las iglesias en Iberoamérica a encontrar buenos materiales y recursos para el discipulado de las nuevas generaciones y por eso nuestra página web sirve a padres, pastores, maestros y líderes en general los 365 días del año a través de **www.e625.com** con recursos gratis.

zona de contenido PREMIUM

¿QUÉ ES EL SERVICIO PREMIUM?

Además de reflexiones y materiales cortos gratis, tenemos un servicio de lecciones, series, investigaciones, libros online y recursos audiovisuales para facilitar tu tarea. Tu iglesia puede acceder con una suscripción mensual a este servicio por congregación que les permite a todos los líderes de una iglesia local, descargar materiales para compartir en equipo y hacer las copias necesarias que encuentren pertinentes para las distintas actividades de la congregación o sus familias.

¿PUEDO EQUIPARME CON USTEDES?

Sería un privilegio ayudarte y con ese objetivo existen nuestros eventos y nuestras posibilidades de educación formal. Visita **www.e625.com/Eventos** para enterarte de nuestros seminarios y convocatorias e ingresa a **www.institutoE625.com** para conocer los cursos online que ofrece el Instituto E 6.25

¿QUIERES ACTUALIZACIÓN CONTINUA?

Regístrate ya mismo a los updates de **e625.com** según sea tu arena de trabajo: Niños- Preadolescentes- Adolescentes- Jóvenes.

¡APRENDAMOS JUNTOS!